DE LA LITTÉRATURE.

TOME SECOND.

8° Z
15005

DE LA
LITTÉRATURE

considérée dans ses rapports avec les institutions sociales;

Par Mme DE STAËL-HOLSTEIN.

SECONDE ÉDITION revue, corrigée et augmentée.

TOME SECOND.

———————

DE L'IMPRIMERIE DE CRAPELET.

A PARIS,

Chez MARADAN, Libraire, rue Pavée-S.-André-des-Arcs, n. 16.

9.

SUITE

DE LA PREMIÈRE PARTIE.

De la Littérature chez les Anciens et chez les Modernes.

CHAPITRE XVII.

De la Littérature allemande (1).

La littérature allemande ne date que de ce siècle. Jusqu'alors les Allemands s'étoient

---

(1) J'ai besoin de rappeler ici quel est le but de cet ouvrage. Je n'ai point prétendu faire une analyse de tous les livres distingués qui composent une littérature ; j'ai voulu caractériser l'esprit général de chaque littérature dans ses rapports avec la religion, les mœurs et le gouvernement. Sans doute je n'ai pu traiter un tel sujet, sans citer beaucoup d'écrivains et beaucoup de livres; mais c'étoit à l'appui de mes raisonnemens que je présentois ces exemples, et non

occupés des sciences et de la métaphysique avec beaucoup de succès ; mais ils avoient plus écrit en latin que dans leur langue naturelle ; et l'on n'appercevoit encore aucun caractère original dans les productions de leur esprit. Les causes qui ont retardé les progrès de la littérature allemande, s'opposent encore, sous quelques rapports, à sa perfection ; et c'est d'ailleurs un désavantage véritable pour une littérature, que de se former plus tard que celle de plusieurs autres peuples environnans : car l'imitation des littératures déjà existantes, tient souvent alors la place du génie national. Considérons d'abord les causes principales qui modifient l'esprit de la littérature en Allemagne, le caractère des ouvrages vraiment beaux

---

avec l'intention de juger et de discuter le mérite de chaque auteur, comme on pourroit le faire dans une bibliothèque universelle. Cette observation s'applique plus particulièrement encore à ce chapitre qu'à tous les autres. Il existe une foule de bons ouvrages en allemand, que je n'ai point indiqués, parce que ceux que j'ai nommés suffisoient pour prouver ce que je disois du caractère de la littérature allemande en général.

qu'elle a produits, et les inconvéniens dont elle doit se garantir.

La division des états excluant une capitale unique, où toutes les ressources de la nation se concentrent, où tous les hommes distingués se réunissent, le goût doit se former plus difficilement en Allemagne qu'en France. L'émulation multiplie ses effets dans un grand nombre de petites sphères; mais on ne juge pas, mais on ne critique pas avec sévérité, lorsque chaque ville veut avoir des hommes supérieurs dans son sein. La langue doit aussi se fixer difficilement, lorsqu'il existe diverses universités, diverses académies d'une égale autorité, sur les questions littéraires. Beaucoup d'écrivains se croient alors le droit d'inventer sans cesse des mots nouveaux; et ce qui semble de l'abondance, amène la confusion.

Il est reconnu, je crois, que la fédération est un système politique très-favorable au bonheur et à la liberté; mais il nuit presque toujours au plus grand développement possible des arts et des talens, pour lesquels la perfection du goût est nécessaire. La communication habituelle de tous les hommes distingués, leur réunion dans un centre commun, établit une sorte de législation littéraire, qui dirige tous les esprits dans la meilleure route.

Le régime féodal auquel l'Allemagne est soumise, ne lui permet pas de jouir de tous les avantages politiques attachés à la fédération. Néanmoins la littérature allemande porte le caractère de la litterature d'un peuple libre; et la raison en est évidente. Les hommes de lettres d'Allemagne vivent entr'eux en république; plus il y a d'abus révoltans dans le despotisme des rangs, plus les hommes éclairés se séparent de la société et des affaires publiques. Ils considèrent toutes les idées dans leurs rapports naturels; les institutions qui existent chez eux sont trop contraires aux plus simples notions de la philosophie, pour qu'ils puissent en rien y soumettre leur raison.

Les Anglais sont moins indépendans que les Allemands dans leur manière générale de considérer tout ce qui tient aux idées religieuses et politiques. Les Anglais trouvent le repos et la liberté dans l'ordre de choses qu'ils ont adopté, et consentent à la modification de quelques principes philosophiques. Ils respectent leur propre bonheur; ils ménagent de certains préjugés, comme l'homme qui auroit épousé la femme qu'il aime, seroit enclin à soutenir l'indissolubilité du mariage. Les philosophes d'Allemagne, entourés d'institutions vicieuses, sans excuses, comme sans avantages, se sont entièrement livrés à l'examen rigoureux des vérités naturelles.

La division des gouvernemens, sans donner la liberté politique, établit presque nécessairement la liberté de la presse. Il n'existe ni religion dominante, ni opinion dominante dans un pays ainsi partagé : les pouvoirs établis se maintiennent par la protection des grandes puissances ; mais l'empire de chaque gouvernement sur ses sujets est extrêmement limité par l'opinion ; et l'on peut parler sur tout, quoiqu'il soit impossible d'agir sur rien.

La société ayant encore beaucoup moins d'agrémens en Allemagne qu'en Angleterre, la plupart des philosophes vivent solitaires, et l'intérêt des affaires publiques, si puissant chez les Anglais, n'existe presque point parmi les Allemands. Les princes traitent avec distinction les hommes de lettres ; ils leur accordent souvent des marques d'honneur. Néanmoins la plupart des gouvernemens n'appellent que les anciens nobles à se mêler de la politique ; et il n'y a d'ailleurs que les gouvernemens représentatifs qui donnent à toutes les classes un intérêt direct aux affaires publiques. L'esprit des hommes de lettres doit donc se tourner vers la contemplation de la nature et l'examen d'eux-mêmes.

Ils excellent dans la peinture des affections douloureuses et des images mélancoliques. A cet égard, ils se rapprochent de toutes les littératures du nord, des littératures ossianiques ; mais leur vie méditative leur inspire une sorte d'enthousiasme pour le beau, d'indignation contre les abus de l'ordre social, qui les préserve de l'ennui dont les Anglais sont susceptibles dans les vicissitudes de leur carrière. Les hommes éclairés, en Allemagne, n'existent que pour l'étude, et leur esprit se soutient en lui-même par une sorte d'activité intérieure, plus continuelle et plus vive que celle des Anglais.

En Allemagne, les idées sont encore ce qui intéresse le plus au monde. Il n'y a rien d'assez grand ni d'assez libre dans les gouvernemens, pour que les philosophes puissent préférer les jouissances du pouvoir à celles de la pensée; et leur ame ne se refroidit point par des rapports trop continuels avec les hommes.

Les ouvrages des Allemands sont d'une utilité moins pratique que ceux des Anglais; ils se livrent davantage aux combinaisons systématiques, parce que n'ayant point d'influence par leurs écrits sur les institutions de leurs pays, ils s'abandonnent sans but positif au hasard de leurs pensées; ils adoptent successivement toutes les sectes mystiquement religieuses; ils trompent de mille manières le temps et la vie, qu'ils ne peuvent employer que par la méditation. Mais il n'est point de pays où les écrivains ayent mieux approfondi les sentimens de l'homme passionné, les souffrances de l'ame, et les ressources philosophiques qui peuvent aider à les supporter. Le caractère général de la littérature est le même dans tous les pays du nord ; mais les traits distinctifs du genre allemand tiennent à la situation politique et religieuse de l'Allemagne.

Le livre par excellence que possèdent les Allemands, et qu'ils peuvent opposer aux chefs-d'œuvre des autres langues, c'est Verther. Comme on l'appelle un roman, beaucoup de gens ne savent pas que c'est un ouvrage. Mais je n'en connois point qui renferme une peinture plus frappante et plus vraie des égaremens de l'enthousiasme, une vue plus perçante dans le malheur, dans cet abîme de la nature, où toutes les vérités se découvrent à l'œil qui sait les y chercher.

Le caractère de Verther ne peut être celui du grand nombre des hommes. Il représente dans toute sa force le mal que peut faire un mauvais ordre social à un esprit énergique ; il se rencontre plus souvent en Allemagne que par-tout ailleurs. On a voulu blâmer l'auteur de Verther de supposer au héros de son roman une autre peine que celle de l'amour, de laisser voir dans son ame la vive douleur d'une humiliation, et le ressentiment profond contre l'orgueil des rangs, qui a causé cette humiliation; c'est, selon moi, l'un des plus beaux traits de génie de l'ouvrage. Goethe vouloit peindre un être souffrant par toutes les affections d'une ame tendre et fière ; il vouloit peindre ce mélange de maux, qui seul peut conduire un homme au dernier degré du désespoir. Les peines de la nature peuvent laisser encore quelques ressources: il faut que la société jette ses poisons dans la blessure, pour que la raison soit tout-à-fait altérée, et que la mort devienne un besoin.

Quelle sublime réunion l'on trouve dans Verther, de pensées et de sentimens, d'entraînement et de philosophie ! Il n'y a que Rousseau et Goethe qui aient su peindre la passion réfléchissante, la passion qui se juge elle-même, et se connoît sans pouvoir se dompter. Cet examen de ses propres sensations, fait par celui-là même qu'elles dévorent, refroidiroit l'intérêt, si tout autre qu'un homme de génie vouloit le tenter. Mais rien n'émeut davantage que ce mélange de douleurs et de méditations, d'observations et de délire, qui représente l'homme malheureux se contemplant par la pensée, et succombant à la douleur, dirigeant son imagination sur lui-même, assez fort pour se regarder souffrir, et néanmoins incapable de porter à son ame aucun secours.

On a dit encore que Verther étoit dangereux, qu'il exaltoit les sentimens au lieu de les diriger ; et quelques exemples du fanatisme qu'il a excité confirment cette assertion. L'enthousiasme que Verther a excité, sur-tout en Allemagne, tient à ce que cet ouvrage est tout-à-fait dans le caractère national. Ce n'est pas Goethe qui l'a créé, c'est lui qui l'a su peindre. Tous les esprits en Allemagne, comme je l'ai dit, sont disposés à l'enthousiasme : or, Verther fait du bien aux caractères de cette nature.

L'exemple du suicide ne peut jamais être contagieux. Ce n'est pas d'ailleurs le fait inventé dans un roman, ce sont les sentimens qu'on y développe qui laissent une trace profonde ; et cette maladie de l'ame qui prend sa source dans une nature élevée, et finit cependant par rendre la vie odieuse, cette maladie de l'ame, dis-je, est parfaitement décrite dans Verther. Tous les hommes sensibles et généreux se sont sentis quelquefois prêts d'en être atteints; et souvent peut-être des créatures excellentes que poursuivoient l'ingratitude et la calomnie, ont dû se demander si la vie, telle qu'elle est, pouvoit être supportée par l'homme vertueux, si l'organisation entière de la société ne pesoit pas sur les ames vraies et tendres, et ne leur rendoit pas l'existence impossible.

La lecture de Verther apprend à connoître comment l'exaltation de l'honnêteté même peut conduire à la folie ; elle fait voir à quel degré de sensibilité l'ébranlement devient trop fort pour qu'on puisse soutenir les événemens même les plus naturels. On est averti des penchans coupables, par toutes les réflexions, par toutes les circonstances, par tous les traités de morale; mais lorsqu'on se sent une nature généreuse et sensible, on s'y confie entièrement, et l'on peut arriver au dernier degré du malheur, sans que rien vous ait fait connoître la suite d'erreurs qui vous y a conduit. C'est à ces sortes de caractères que l'exemple du sort de Verther est utile ; c'est un livre qui rappelle à la vertu la nécessité de la raison (1).

La Messiade de Klopstock, à travers une foule innombrable de défauts, de longueurs, de mysticités, d'obscurités inexplicables, contient des beautés du premier ordre. Le caractère d'Abbadona, subissant les destinées d'un coupable en conservant l'amour de la vertu, unissant les facultés d'un ange avec les souffrances de l'enfer, est une idée tout-à-fait neuve. Cette vérité dans les expressions de l'amour et les tableaux de la nature, à travers toutes les inventions les plus bizarres, produit un effet remarquable.

---

(1) Goethe a composé plusieurs autres ouvrages qui ont une grande réputation en Allemagne, Wilhelms Meister, Hermann et Dorothée, &c. Les odes de Klopstock, les tragédies de Schiller, les écrits de Wieland, le théâtre de Kotzebue, &c. exigeroient plusieurs chapitres, si l'on vouloit approfondir leur mérite littéraire ; mais ce travail, comme je l'ai déjà dit, ne pouvoit entrer dans le plan général de mon ouvrage.

L'étonnement que causeroit l'idée de la mort à qui l'apprendroit pour la première fois, est peinte avec une touchante énergie dans un chant de la Messiade. Un habitant d'une planète où la vie n'a point de terme, interroge un ange qui lui donne des nouvelles de notre terre, sur ce que c'est que la mort. « Quoi ! lui dit-il, il est vrai que vous » connoissez un pays où le fils peut être pour » jamais séparé de celle qui lui a prodigué les » plus tendres marques d'affection pendant » les premières années de sa vie ! où la » mère peut se voir enlever l'enfant sur le- » quel reposoit tout son avenir ! un pays où » cependant on connoît l'amour, où deux » êtres se dévouent l'un à l'autre, vivent » long-temps à deux, puis savent exister » seuls ! Se peut-il que, sur cette terre, on » veuille du don de la vie, lorsqu'elle ne sert » qu'à former des liens que doit briser la » mort, qu'à aimer ce qu'il faut perdre, » qu'à recueillir dans son cœur une image » dont l'objet peut disparoître du monde où » l'on reste encore après lui » ! En commençant la lecture de la Messiade, on croit entrer dans une atmosphère sombre où l'on se perd souvent, où l'on distingue quelquefois des objets admirables, mais qui vous fait éprouver constamment une sorte de tristesse dont la sensation n'est pas dépourvue de quelque douceur.

Les tragédies allemandes, et en particulier celles de Schiller, contiennent des beautés qui supposent toujours une ame forte. En France, la finesse de l'esprit, le tact des convenances, la crainte du ridicule, affoiblissent souvent, à quelques égards, la vivacité des impressions. Accoutumé à veiller sur soi-même, on perd nécessairement, au milieu de la société ces mouvemens impétueux qui développent à tous les regards ce qu'il y a de plus vrai dans les affections de l'ame. Mais en lisant les tragédies allemandes qui ont acquis de la célébrité, l'on trouve souvent des mots, des expressions, des idées qui vous révèlent en vous-même des sentimens étouffés ou contenus par la régularité des rapports et des liens de la société. Ces expressions vous raniment, vous transportent, vous persuadent un moment que vous allez vous élever au-dessus de tous les égards factices, de toutes les formes commandées, et qu'après une longue contrainte, le premier ami que vous retrouverez, c'est votre propre caractère, c'est vous-même. Les Allemands sont très-distingués comme peintres de la nature. Gessner, Zacharie, plusieurs poètes dans le genre pastoral, font aimer la campagne, et paroissent inspirés par ses douces impressions. Ils la décrivent telle qu'elle doit frapper des regards attentifs, lorsque les soins de la culture, les travaux champêtres, qui rappellent la présence de l'homme et les jouissances de la vie tranquille, sont d'accord avec la disposition de l'ame. Il faut qu'elle soit dans une situation paisible pour goûter de tels écrits. Lorsque les passions agitent l'existence, le calme extérieur de la nature est un tourment de plus. Les aspects sombres et sauvages, les objets tristes qui nous environnent, aident à supporter la douleur qu'on éprouve au-dedans de soi.

La tragédie de *Goetz de Berlichingen*, et quelques romans connus, sont remplis de ces souvenirs de chevalerie si piquans pour l'imagination, et dont les Allemands savent faire un usage intéressant et varié.

Après avoir parcouru les principales beautés de la littérature des Allemands, je dois arrêter l'attention sur les défauts de leurs écrivains, et sur les conséquences que ces défauts pourroient avoir, si l'on ne parvenoit pas à les corriger.

Le genre exalté est celui de tous dans lequel il est le plus aisé de se tromper ; il faut un grand talent pour ne pas s'écarter de la vérité, en peignant une nature au-dessus des sentimens habituels ; et il n'y a pas d'infériorité supportable dans la peinture de l'enthousiasme. Verther a produit plus de mauvais imitateurs qu'aucun autre chef-d'œuvre de littérature : et le manque de naturel est plus révoltant dans les écrits où l'auteur veut mettre de l'exaltation, que dans tous les autres. Wieland a très-bien développé, dans son Pérégrinus Protée, les inconvéniens de cet enthousiasme factice, si différent de l'inspiration du génie. Les Allemands sont beaucoup plus indulgens que nous à cet égard ; ils souffrent aussi, souvent même ils applaudissent une certaine quantité d'idées triviales en philosophie, sur la richesse, la bienfaisance, la naissance, le mérite, etc. lieux communs qui refroidiroient en France toute espèce d'intérêt. Les Allemands écoutent encore avec plaisir les pensées les plus connues, quoique leur esprit en découvre chaque jour de nouvelles.

La langue des Allemands n'est pas fixée; chaque écrivain a son style, et des milliers d'hommes se croient écrivains. Comment la littérature peut-elle se former, dans un pays où l'on publie près de trois mille volumes par an? Il est trop aisé d'écrire l'allemand assez bien pour être imprimé; trop d'obscurités sont permises, trop de licences tolérées, trop d'idées communes accueillies, trop de mots réunis ensemble ou nouvellement créés; il faut que la difficulté du style soit de nature à décourager au moins les esprits tout-à-fait médiocres. Le vrai talent a peine à se reconnoître au milieu de cette foule innombrable de livres : il parvient à la fin, sans doute, à se distinguer; mais le goût général se gâte de plus en plus par tant de lectures insipides, et les occupations littéraires elles-mêmes doivent finir par perdre de leur considération.

Les Allemands manquent quelquefois de goût dans les écrits qui appartiennent à leur imagination naturelle; ils en manquent plus souvent encore par imitation. Parmi leurs écrivains, ceux qui ne possèdent pas un génie tout-à-fait original empruntent, les uns les défauts de la littérature anglaise, et les autres ceux de la littérature française. J'ai déjà tâché de faire sentir, en analysant Shakespear, que ses beautés ne pouvoient être égalées que par un génie semblable au sien, et que ses défauts devoient être soigneusement évités. Les Allemands ressemblent aux Anglais sous quelques rapports; ce qui fait qu'ils s'égarent beaucoup moins en étudiant les auteurs anglais que les auteurs français. Néanmoins ils ont aussi pour système de mettre en contraste la nature vulgaire avec la nature héroïque, et ils diminuent ainsi l'effet d'un très-grand nombre de leurs plus belles pièces.

A ce défaut, qui leur est commun avec les Anglais, ils joignent un certain goût pour la métaphysique des sentimens, qui refroidit souvent les situations les plus touchantes. Comme ils sont naturellement penseurs et méditatifs, ils placent leurs idées abstraites, et les développemens et les définitions dont leurs têtes sont occupées, dans les scènes les plus passionnées ; et les héros, et les femmes, et les anciens, et les modernes tiennent tous quelquefois le langage d'un philosophe allemand. C'est un défaut réel dont les écrivains doivent' se préserver. Leur génie leur inspire souvent les expressions les plus simples pour les passions les plus nobles ; mais quand ils se perdent dans l'obscurité, l'intérêt ne peut plus les suivre, ni la raison les approuver.

On a souvent reproché aux écrivains allemands de manquer de grace et de gaîté. Quelques-uns d'entr'eux craignant ce reproche, dont les Anglais se glorifient, veulent imiter en littérature le goût français ; et ils tombent alors dans des fautes d'autant plus graves, qu'étant sortis de leur caractère naturel, ils n'ont plus ces beautés énergiques et touchantes qui faisoient oublier toutes les imperfections. Il ne falloit pas moins que les circonstances particulières à l'ancienne France, et dans la France, à Paris, pour atteindre à ce charme de grace et de gaîté qui caractérisoit quelques écrivains avant la révolution. Il en est une foule, parmi nous, qui ont échoué dans leurs essais au milieu des meilleurs modèles. Les Allemands ne sont pas même certains de bien choisir, lorsqu'ils veulent imiter.

On peut croire, en Allemagne, que Crébillon et Dorat sont des écrivains pleins de grace, et charger la copie d'un style déjà si maniéré, qu'il est presque insupportable aux Français. Les auteurs allemands qui trouveroient au fond de leur ame tout ce qui peut émouvoir les hommes de tous les pays, mêlant ensemble la mythologie grecque et la galanterie française, se font un genre où la nature et la vérité sont évitées avec un soin presque scrupuleux. En France, la puissance du ridicule finit toujours par ramener à la simplicité ; mais dans un pays, comme l'Allemagne, où le tribunal de la société a si peu de force et si peu d'accord, il ne faut rien risquer dans le genre qui exige l'habitude la plus constante et le tact le plus fin de toutes les convenances de l'esprit. Il faut s'en tenir aux principes universels de la haute littérature, et n'écrire que sur les sujets où il suffit de la nature et de la raison pour se guider.

Les Allemands ont quelquefois le défaut de vouloir mêler aux ouvrages philosophiques une sorte d'agrément qui ne convient en aucune manière aux écrits sérieux (1). Ils croient ainsi se mettre à la portée de leurs lecteurs ; mais il ne faut jamais supposer à ceux qui nous lisent, des facultés inférieures aux nôtres : il convient mieux d'exprimer ses pensées telles qu'on les a conçues. On ne doit pas se mettre au niveau du plus grand nombre, mais tendre au plus haut terme de perfection possible : le jugement du public est toujours, à la fin, celui des hommes les plus distingués de la nation.

C'est quelquefois aussi par un desir mal entendu de plaire aux femmes, que les Alle-

---

(1) Un lithologiste allemand, discutant, dans un de ses écrits, sur une pierre qu'il n'avoit pu jusqu'alors découvrir, s'exprime ainsi en parlant d'elle : *Cette nymphe fugitive échappe à nos recherches ;* et s'exaltant ensuite sur les propriétés d'une autre pierre, il s'écrie en la nommant : *Ah, syrène!*

mands veulent unir ensemble le sérieux et la frivolité. Les Anglais n'écrivent point pour les femmes ; les Français les ont rendues, par le rang qu'ils leur ont accordé dans la société, d'excellens juges de l'esprit et du goût ; les Allemands doivent les aimer, comme les Germains d'autrefois, en leur supposant quelques qualités divines. Il faut mettre du culte et non de la condescendance dans les relations avec elles.

Enfin, pour faire admettre des vérités philosophiques dans un pays où elles ne sont point encore publiquement adoptées, on a cru nécessaire de les revêtir de la forme d'un conte, d'un dialogue ou d'un apologue; et Wieland en particulier s'est acquis une grande réputation dans ce genre. Peut-être un détour étoit-il quelquefois nécessaire pour enseigner la vérité. Peut-être falloit-il faire dire aux anciens ce qu'on vouloit apprendre aux modernes, et rappeler le passé comme servant d'allégorie pour le présent. L'on ne peut juger jusqu'à quel point les ménagemens employés par Wieland, sont politiquement nécessaires ; mais je répéterai (1) que, sous le rapport du mérite littéraire, l'on se tromperoit en croyant donner plus de piquant aux vérités philosophiques par le mélange des personnages et des aventures qui servent de prétexte aux raisonnemens. On ôte à l'analyse sa profondeur, au roman son intérêt, en les réunissant ensemble. Pour que les événemens inventés vous captivent, il faut qu'ils se succèdent avec une rapidité dramatique; pour que les raisonnemens amènent la conviction, il faut qu'ils soient suivis et conséquens; et quand vous coupez l'intérêt par la discussion, et la discussion par l'intérêt, loin de reposer les bons esprits, vous fatiguez leur attention; il faudroit beaucoup moins d'efforts pour suivre le fil d'une idée aussi loin que la réflexion peut la conduire, que pour reprendre et quitter sans cesse des raisonnemens interrompus et des impressions brisées.

Les succès de Voltaire ont inspiré le desir de faire, à son exemple, des contes philosophiques; mais il n'y a point d'imita-

---

(1) Essai sur les Fictions.

tion possible pour ce qui caractérise cette sorte d'écrits dans Voltaire, la gaîté piquante et la grace toujours variée. Il se trouve sans doute un résultat philosophique à la fin de ses contes; mais l'agrément et la tournure du récit sont tels, que vous ne vous appercevez du but que lorsqu'il est atteint : ainsi qu'une excellente comédie, dont, à la réflexion, vous sentez l'effet moral, mais qui ne vous frappe d'abord au théâtre que par son intérêt et son action.

Le sérieux de la raison, l'éloquence de la sensibilité, voilà ce qui doit être le partage de la littérature allemande; ses essais dans les autres genres ont toujours été moins heureux.

Il n'est point de nation plus singulièrement propre aux études philosophiques. Leurs historiens, à la tête desquels il faut mettre Schiller et Muller, sont aussi distingués qu'on peut l'être en écrivant l'histoire moderne. Le régime féodal nuit extrêmement à l'intérêt des événemens et des caractères. Il semble qu'on se représente, dans ce siècle guerrier, tous les grands hommes revêtus de la même armure, et presque aussi semblables entre eux que leurs casques et leurs boucliers.

Que de travaux pour les sciences, pour la métaphysique, honorent la nation allemande ! que de recherches ! que de persévérance ! Les Allemands n'ont point une patrie politique ; mais ils se sont fait une patrie littéraire et philosophique, pour la gloire de laquelle ils sont remplis du plus noble enthousiasme.

Un joug volontaire met cependant obstacle, à quelques égards, au degré de lumières qu'on pourroit acquérir en Allemagne ; c'est l'esprit de secte : il tient dans la vie oisive la place de l'esprit de parti, et il a quelques-uns de ses inconvéniens. Sans doute, avant de grossir le nombre des sectateurs d'un système, on applique toute son attention à le juger, on se décide pour ou contre, par l'exercice indépendant de sa raison. Le premier choix est libre ; mais ses suites ne le sont pas. Dès que les premières bases vous conviennent, vous adoptez, pour maintenir la secte, toutes les conséquences que le maître tire de ses principes. Une secte, quelque philosophique qu'elle soit dans son but, ne l'est jamais dans ses moyens. Il faut toujours inspirer une sorte de confiance aveugle pour effacer les dissidences individuelles; car un grand nombre d'hommes, lorsque leur raison est libre, ne donne jamais un assentiment complet à toutes les opinions d'un seul.

Il est encore une observation importante contre les systêmes nouveaux dont on veut faire une secte; l'esprit humain marche trop lentement, pour qu'une suite quelconque d'idées justes puisse être trouvée à-la-fois. Un siècle développe deux ou trois idées de plus; et ce siècle, avec raison, est illustre. Comment un seul homme pourroit-il donc avoir un enchaînement de pensées entièrement nouvelles? D'ailleurs toutes les vérités sont susceptibles d'évidence, et l'évidence ne fait pas de secte. Il faut de la bizarrerie, et sur-tout du mystère, pour exciter dans les hommes ce qui est le mobile de l'esprit de secte, le besoin de se distinguer. Ce besoin devient réellement utile aux progrès des lumières, lorsqu'il excite l'émulation entre tous les talens, mais non lorsqu'il jette plusieurs esprits dans la dépendance d'un seul.

On a besoin, pour conquérir les empires, que les armées disciplinées reconnoissent le pouvoir d'un chef ; mais pour faire des progrès dans la carrière de la vérité, il faut que chaque homme y marche de lui-même, guidé par les lumières de son siècle, et non par les documens de tel parti (1).

Les hommes éclairés de l'Allemagne ont, pour la plupart, un amour de la vertu, du beau dans tous les genres, qui donne à leurs écrits un grand caractère. Ce qui distingue leur philosophie, c'est d'avoir substitué l'austérité de la morale à la superstition religieuse. En France, on s'est contenté de renverser l'empire des dogmes. Mais quelle seroit l'utilité des lumières pour le bonheur des nations, si ces lumières ne portoient avec elles que la destruction, si elles ne développoient jamais aucun principe de

---

(1) Tout ce qu'il peut y avoir d'ingénieux dans l'esprit de Kant, et d'élevé dans ses principes, ne seroit point, je crois, une objection suffisante contre ce que je viens de dire sur l'esprit de secte.

vie, et ne donnoient point à l'ame de nouveaux sentimens, de nouvelles vertus à l'appui d'antiques devoirs? Les Allemands sont éminemment propres à la liberté, puisque déjà, dans leur révolution philosophique, ils ont su mettre à la place des barrières usées qui tomboient de vétusté, les bornes immuables de la raison naturelle.

Si par quelques malheurs invincibles, la France étoit un jour destinée à perdre pour jamais tout espoir de liberté, c'est en Allemagne que se concentreroit le foyer des lumières; et c'est dans son sein que s'établiroient, à une époque quelconque, les principes de la philosophie politique. Nos guerres avec les Anglais ont dû les rendre ennemis de tout ce qui rappelle la France; mais une impartialité plus équitable dirigeroit les opinions des Allemands.

Ils s'entendent mieux que nous à l'amélioration du sort des hommes; ils perfectionnent les lumières, ils préparent la conviction ; et nous, c'est par la violence que nous avons tout essayé, tout entrepris, tout manqué. Nous n'avons fondé que des haines; et les amis de la liberté marchent au milieu de la nation, la tête baissée, rougissant des crimes des uns et calomniés par les préjugés des autres. Vous, nation éclairée, vous, habitans de l'Allemagne, qui peut-être une fois serez, comme nous, enthousiastes de toutes les idées républicaines, soyez invariablement fidèles à un seul principe, qui suffit, à lui seul, pour préserver de toutes les erreurs irréparables. Ne vous permettez jamais une action que la morale puisse réprouver; n'écoutez point ce que vous diront quelques raisonneurs misérables, sur la différence qu'on doit établir entre la morale des particuliers et celle des hommes publics. Cette distinction est d'un esprit faux et d'un cœur étroit; et si nous périssions, ce seroit pour l'avoir adoptée.

Voyez ce que fait le crime au milieu d'une nation, des persécuteurs toujours agités, des persécutés tonjours implacables; aucune opinion qui paroisse innocente, aucun raisonnement qui puisse être écouté; une foule de faits, de calomnies, de mensonges tellement accumulés sur toutes les têtes, que, dans la carrière civile, il reste à peine une considération pure, un homme auquel un autre homme veuille marquer de la condescendance ; aucun parti fidèle aux mêmes principes ; quelques hommes réunis par le lien d'une terreur commune, lien que rompt aisément l'espérance de pouvoir se sauver seul ; enfin une confusion si terrible entre les opinions généreuses et les actions coupables, entre les opinions serviles et les sentimens généreux, que l'estime errante ne sait où se fixer, et que la conscience se repose à peine avec sécurité sur elle-même.

Il suffit d'un jour où l'on ait pu prêter un appui par quelques pensées, par quelques discours, à des résolutions qui ont amené des cruautés et des souffrances ; il suffit de ce jour pour tourmenter la vie, pour détruire au fond du cœur, et le calme, et cette bienveillance universelle que faisoit naître l'espoir de trouver des cœurs amis par-tout où l'on rencontroit des hommes. Ah ! que les nations encore honnêtes, que les hommes doués de talens politiques, qui ne peuvent se faire aucun reproche, conservent précieusement un tel bonheur ! et si leur révolution commence, qu'ils ne redoutent au milieu d'eux que les amis perfides qui leur conseilleront de persécuter les vaincus.

La liberté donne des forces pour sa défense, le concours des intérèts fait découvrir toutes les ressources nécessaires, l'impulsion des siècles renverse tout ce qui veut lutter pour le passé contre l'avenir : mais l'action inhumaine sème la discorde, perpétue les combats, sépare en bandes ennemies la nation entière ; et ces fils du serpent de Cadmus, auxquels un dieu vengeur n'avoit donné la vie qu'en les condamnant à se combattre jusqu'à la mort, ces fils du serpent, c'est le peuple, au milieu duquel l'injustice a long-temps régné.

CHAPITRE XVIII.

Pourquoi la nation française étoit-elle la nation de l'Europe qui avoit le plus de grace, de goût et de gaîté ?

La gaîté française, le bon goût français, avoient passé en proverbe dans tous les pays de l'Europe, et l'on attribuoit généralement ce goût et cette gaîté au caractère national : mais qu'est-ce qu'un caractère national, si ce n'est le résultat des institutions et des circonstances qui influent sur le bonheur d'un peuple, sur ses intérêts et sur ses habitudes ? Depuis que ces circonstances et ces institutions sont changées, et même dans les momens les plus calmes de la révolution, les contrastes les plus piquans n'ont pas été l'objet d'une épigramme ou d'une plaisanterie spirituelle. Plusieurs des hommes qui ont pris un grand ascendant sur les destinées de la France, étoient dépourvus de toute apparence de grace dans l'expression et de brillant dans l'esprit: peut-être même devoient-ils une partie de leur influence à ce qu'il y avoit de sombre, de silencieux, de froidement féroce dans leurs manières comme dans leurs sentimens.

Les religions et les loix décident presque entièrement de la ressemblance ou de la différence de l'esprit des nations. Le climat peut encore y apporter quelques changemens ; mais l'éducation générale des premières classes de la société est toujours le résultat des institutions politiques dominantes. Le gouvernement étant le centre de la plupart des intérêts des hommes, les habitudes et les pensées suivent le cours des intérêts. Examinons quels avantages d'ambition on trouvoit en France à se distinguer par le charme de la grace et de la gaîté, et nous saurons pourquoi ce pays offroit de l'une et de l'autre tant de parfaits modèles.

Plaire ou déplaire étoit la véritable source des punitions et des récompenses, qui n'étoient point infligées par les loix. Il y avoit dans d'autres pays des gouvernemens monarchiques, des rois absolus, des cours somptueuses ; mais nulle part on ne trouvoit réunies les mêmes circonstances qui influoient sur l'esprit et les mœurs des Français.

Dans les monarchies limitées comme en Angleterre et en Suède, l'amour de la liberté, l'exercice des droits politiques, les troubles civils presque continuels, apprenoient aux rois qu'ils avoient besoin de rencontrer dans leurs favoris de certaines qualités défensives, apprenoient aux courtisans que même pour être préférés par les rois, il falloit pouvoir appuyer leur autorité sur des moyens indépendans et personnels.

En Allemagne, de longues guerres et la fédération des Etats prolongeoient l'esprit féodal, et n'offroient point de centre où toutes les lumières et tous les intérêts pussent se réunir.

Les despotes de l'orient et du nord avoient trop besoin d'inspirer la crainte pour exciter d'aucune manière l'esprit de leurs sujets ; et le desir de plaire à ses maîtres, est une sorte de familiarité avec eux qui effaroucheroit leur tyrannie.

Dans les républiques, de quelque manière qu'elles fussent constituées, il étoit trop nécessaire aux hommes de se défendre ou de se servir les uns les autres pour établir entre eux des rapports d'agrément et de plaisir.

La galanterie des Maures, l'existence qu'elle donnoit aux femmes, auroient pu approcher à quelques égards les Espagnols de l'esprit français; mais les superstitions auxquelles ils se sont livrés, ont arrêté parmi eux tous les genres de progrès aimables ou sérieux; et l'esprit paresseux du Midi a tout abandonné à l'activité du sacerdoce.

Il n'y avoit donc qu'en France où l'autorité des rois s'étant consolidée par le consentement tacite de la noblesse, le monarque avoit un pouvoir sans bornes par le fait, et néanmoins incertain par le droit. Cette situation l'obligeoit à ménager ses courtisans même, comme faisant partie de ce corps de vainqueurs, qui tout-à-la-fois lui cédoit et lui garantissoit la France, leur conquête.

La délicatesse du point d'honneur, l'un des prestiges de l'ordre privilégié, obligeoit les nobles à décorer la soumission la plus

dévouée des formes de la liberté. Il falloit
qu'ils conservassent, dans leurs rapports
avec leur maître, une sorte d'esprit de chevalerie, qu'ils écrivissent sur leur bouclier
POUR MA DAME ET POUR MON ROI, afin de se
donner l'air de choisir le joug qu'ils portoient ; et mêlant ainsi l'honneur avec la
servitude, ils essayoient de se courber sans
s'avilir. La grace étoit, pour ainsi dire, dans
leur situation, une politique nécessaire ;
elle seule pouvoit donner quelque chose de
volontaire à l'obéissance.

 Le roi, de son côté, devant se considérer,
à quelques égards, comme le dispensateur
de la gloire, le représentant de l'opinion,
ne pouvoit récompenser qu'en flattant, pu-
nir qu'en dégradant. Il falloit qu'il appuyât
sa puissance sur une sorte d'assentiment
public, dont sa volonté sans doute étoit le
premier mobile, mais qui se montroit souvent indépendamment de sa volonté. Les
liens délicats, les préjugés maniés avec art,
formoient les rapports des premiers sujets
avec leur maître : ces rapports exigeoient
une grande finesse dans l'esprit ; il falloit de
la grace dans le monarque, ou tout au moins

dans les dépositaires de sa puissance ; il falloit du goût et de la délicatesse dans le choix des faveurs et des favoris, pour que l'on n'apperçût ni le commencement, ni les limites de la puissance royale. Quelques-uns de ses droits devoient être exercés sans être reconnus, d'autres reconnus sans être exercés ; et les considérations morales étoient saisies par l'opinion avec une telle finesse, qu'une faute de tact étoit généralement sentie, et pouvoit perdre un ministre, quelque appui que le gouvernement essayât de lui prêter.

Il falloit que le roi s'appelât le premier gentilhomme de son royaume, pour exercer à son aise une autorité sans bornes sur des gentilshommes ; il falloit qu'il fortifiât son autorité sur les nobles par un certain genre de flatterie pour la noblesse. L'arbitraire dans le pouvoir n'excluant point alors la liberté dans les opinions, l'on sentoit le besoin de se plaire les uns aux autres, et l'on multiplioit les moyens d'y réussir. La grace et l'élégance des manières passoient des habitudes de la cour dans les écrits des hommes de lettres. Le point le plus élevé, la source de toutes les faveurs, est l'objet de l'attention générale ; et comme dans les pays libres le gouvernement donne l'impulsion des vertus publiques, dans les monarchies la cour influe sur le genre d'esprit de la nation, parce qu'on veut imiter généralement ce qui distingue la classe la plus élevée.

Lorsque le gouvernement est assez modéré pour qu'on n'ait rien de cruel à en redouter, assez arbitraire pour que toutes les jouissances du pouvoir et de la fortune dépendent uniquement de sa faveur, tous ceux qui y prétendent doivent avoir assez de calme dans l'esprit pour être aimables, assez d'habileté pour faire servir ce charme frivole à des succès importans. Les hommes de la première classe de la société, en France, aspiroient souvent au pouvoir ; mais ils ne couroient dans cette carrière aucun hasard dangereux ; ils jouoient sans jamais risquer de beaucoup perdre ; l'incertitude ne rouloit que sur la mesure du gain ; l'espoir seul animoit donc les efforts : de grands périls ajoutent à l'énergie de l'ame et de la pensée, la sécurité donne à l'esprit tout le charme de l'aisance et de la facilité.

La gaîté piquante, plus encore même que la grace polie, effaçoit toutes les distances sans en détruire aucune ; elle faisoit rêver l'égalité aux grands avec les rois, aux poètes avec les nobles, et donnoit même à l'homme d'un rang supérieur un sentiment plus raffiné de ses avantages ; un instant d'oubli les lui faisoit retrouver ensuite avec un nouveau plaisir ; et la plus grande perfection du goût et de la gaîté devoit naître de ce desir de plaire universel.

La recherche dans les idées et les sentimens, qui vint d'Italie gâter le goût de toutes les nations de l'Europe, nuisit d'abord à la grace française; mais l'esprit, en s'éclairant, revint nécessairement à la simplicité. Chaulieu, La Fontaine, madame de Sévigné, furent les écrivains les plus naturels, et se montrèrent doués d'une grace inimitable. Les Italiens et les Espagnols étoient inspirés par le desir de plaire aux femmes; et cependant ils étoient loin d'égaler les Français dans l'art délicat de la louange. La flatterie qui sert à l'ambition exige beaucoup plus d'esprit et d'art que celle qui ne s'adressse qu'aux femmes : ce sont toutes les passions des hommes et tous leurs genres de vanité qu'il faut savoir ménager, lorsque la combinaison du gouvernement et des mœurs est telle, que les succès des hommes entre eux dépendent de leur talent mutuel de se plaire, et que ce talent est le seul moyen d'obtenir les places éminentes du pouvoir.

Non-seulement la grace et le goût servoient en France aux intérêts les plus grands, mais l'une et l'autre préservoient du malheur le plus redouté, du ridicule. Le ridicule est, à beaucoup d'égards, une puissance aristocratique : plus il y a de rangs dans la société, plus il existe de rapports convenus entre ces rangs, et plus l'on est obligé de les connoître et de les respecter. Il s'établit dans les premières classes de certains usages, de certaines règles de politesse et d'élégance, qui servent, pour ainsi dire, de signe de ralliement, et dont l'ignorance trahiroit des habitudes et des sociétés différentes. Les hommes qui composent ces premières classes, disposant de toutes les faveurs de l'État, exercent nécessairement un grand empire sur l'opinion publique; car, à l'exception de quelques circonstances très-rares, la puissance est de bon goût, le crédit a de la grace, et les heureux sont aimés.

La classe qui dominoit en France sur la nation, étoit exercée à saisir les nuances les plus fines ; et comme le ridicule la frappoit avant tout, ce qu'il falloit éviter avant tout, c'étoit le ridicule. Cette crainte mettoit souvent obstacle à l'originalité du talent, peut-être même pouvoit-elle nuire, dans la carrière politique, à l'énergie des actions ; mais elle développoit dans l'esprit des Français un genre de perspicacité singulièrement remarquable. Leurs écrivains connoissoient mieux les caractères, les peignoient mieux qu'aucune autre nation. Obligés d'étudier sans cesse ce qui pouvoit nuire ou plaire en société, cet intérêt les rendoit très-observateurs. Molière, et même après lui quelques autres comiques, sont des hommes supérieurs, dans leur genre, à tous les écrivains des autres nations. Les Français n'approfondissent pas, comme les Anglais et les Allemands, les sentimens que le malheur fait éprouver ; ils ont trop l'habitude de s'en éloigner pour le bien connoître : mais les caractères dont on peut faire sortir des effets comiques, les hommes, séduits par la vanité, trompés par amour-propre, ou trompeurs par orgueil, cette foule d'êtres asservis à l'opinion des autres, et ne respirant que par elle, aucun peuple de la terre n'a jamais su les peindre comme les Français.

La gaîté ramène à des idées naturelles; et quoique le bon ton de la société de France fût entièrement fondé sur des relations factices, c'est à la gaîté de cette société même qu'il faut attribuer ce qu'on avoit conservé de vérité dans les idées et dans la manière de les exprimer.

Il n'y avoit pas sans doute beaucoup de philosophie dans la conduite de la plupart des hommes éclairés; ils avoient souvent eux-mêmes les foiblesses qu'ils condamnoient dans leurs ouvrages : néanmoins ce qui relevoit les écrits et les conversations, c'étoit une sorte d'hommage à la philosophie, qui avoit pour but de montrer que l'on connoissoit de la raison tout ce que l'esprit en peut savoir, et qu'au besoin on pourroit se moquer de son ambition, de son orgueil, de son rang même, quoique l'on fût bien résolu à n'y point renoncer.

La cour vouloit plaire à la nation, et la nation à la cour ; la cour prétendoit à la philosophie, et la ville au bon ton. Les courtisans venant se mêler aux habitans de la capitale, vouloient y montrer un mérite personnel, un caractère, un esprit à eux ; et les habitans de la capitale conservoient toujours un attrait irrésistible pour les manières brillantes des courtisans. Cette émulation réciproque ne hâtoit pas les progrès des vérités austères et fortes ; mais il ne restoit pas une idée fine, une nuance délicate, que l'intérêt ne fît découvrir à l'esprit.

Un ouvrage assez piquant d'Agrippa d'Aubigné, distinguoit, il y a plus de deux siècles, l'*être* et le *paroître*, en faisant le portrait d'un Français, le duc d'Epernon. Dans l'ancien régime, tous les Français, plus ou moins, s'occupoient extrêmement du *paroître*, parce que le théâtre de la société en inspire singulièrement le desir. Il faut soigner les apparences lorsqu'on ne peut faire juger que ses manières ; et l'on étoit même excusable de souhaiter en France des succès de société, puisqu'il n'existoit pas une autre arêne pour faire connoître ses talens, et s'indiquer aux regards du pouvoir. Mais aussi, quels nombreux sujets de comédies ne doit-on pas rencontrer dans un pays où ce ne sont pas les actions, mais les manières qui peuvent décider de la réputation ! Toutes les graces forcées, toutes les prétentions vaines, sont d'inépuisables sources de plaisanteries et de scènes comiques.

L'influence des femmes est nécessairement très-grande, lorsque tous les événemens se passent dans les salons, et que tous les caractères se montrent par les paroles ; dans un tel état de choses, les femmes sont une puissance, et l'on cultive ce qui leur plaît. Le loisir que la monarchie laissoit à la plupart des hommes distingués en tous les genres, étoit nécessairement très-favorable au perfectionnement des jouissances de l'esprit et de la conversation. Ce n'étoit ni par le travail, ni par l'étude qu'on parvenoit au pouvoir en France : un bon mot, une certaine grace, étoit souvent la cause de l'avancement le plus rapide ; et ces fréquens exemples inspiroient une sorte de philosophie insouciante, de confiance dans la fortune, de mépris pour les efforts studieux, qui poussoit tous les esprits vers l'agrément et le plaisir. Quand l'amusement est non-seulement permis, mais souvent utile, une nation doit atteindre en ce genre à ce qu'il peut y avoir de plus parfait.

On ne verra plus rien de pareil en France avec un gouvernement d'une autre nature, de quelque manière qu'il soit combiné; et il sera bien prouvé alors que ce qu'on appeloit l'esprit français, la grace française, n'étoit que l'effet immédiat et nécessaire des institutions et des mœurs monarchiques, telles qu'elles existoient en France depuis plusieurs siècles.

CHAPITRE XIX.

De la Littérature pendant le siècle de Louis XIV (1).

C'est par l'étude des anciens que le règne des lettres a recommencé en Europe ; mais ce n'est que long-temps après l'époque de leur renaissance, que l'imitation des anciens a dirigé le goût littéraire. Les Français cultivoient la littérature espagnole au commencement du dix-septième siècle : cette littérature avoit en elle une sorte de grandeur qui préserva les écrivains français de quelques défauts du goût italien, alors répandu dans toute l'Europe ; et Corneille, qui commence l'ère du génie français, doit beaucoup à l'étude des caractères espagnols.

---

(1) Je n'analyserai point avec détail ce qu¹ concerne la littérature française; toutes les idées intéressantes ont été dites sur ce sujet. Je me borne seulement à tracer la route qui a conduit les esprits, depuis le siècle de Louis XIV jusqu'à la révolution de 1789.

Le siècle de Louis XIV, le plus remarquable de tous en littérature, est très-inférieur, sous le rapport de la philosophie, au siècle suivant. La monarchie, et surtout un monarque qui comptoit l'admiration parmi les actes d'obéissance, l'intolérance religieuse et les superstitions encore dominantes, bornoient l'horizon de la pensée; l'on ne pouvoit concevoir aucun ensemble, ni se permettre aucune analyse dans un certain ordre d'opinions; l'on ne pouvoit suivre une idée dans tous ses développemens. La littérature, dans le siècle de Louis XIV, étoit le chef-d'œuvre de l'imagination; mais ce n'étoit point encore une puissance philosophique, puisqu'un roi absolu l'encourageoit, et qu'elle ne portoit point ombrage à son despotisme. Cette littérature, sans autre but que les plaisirs de l'esprit, ne peut avoir l'énergie de celle qui a fini par ébranler le trône. On voyoit des écrivains saisir quelquefois, comme Achille, l'arme guerrière au milieu des ornemens frivoles; mais, en général, les livres ne traitoient point les questions vraiment importantes; les hommes de lettres étoient relégués loin des intérêts actifs de la vie. L'analyse des principes du gouvernement, l'examen des dogmes religieux, l'appréciation des hommes puissans, tout ce qui pouvoit conduire à un résultat applicable, leur étoit totalement interdit.

Le livre de Télémaque étoit alors une action courageuse; et Télémaque ne contient cependant que des vérités modifiées par l'esprit monarchique. Massillon, Fléchier, hasardoient quelques principes indépendans à l'abri de saintes erreurs; Pascal vivoit dans le monde intellectuel des sciences et de la métaphysique religieuse; la Rochefoucault, Labruyère, peignoient les hommes dans le cercle des sociétés particulières, avec une prodigieuse sagacité : mais comme il n'y avoit point encore de nation, les grands traits des caractères politiques, qui ne sont formés que par les institutions libres, ne pouvoient y être dessinés. Corneille, plus rapproché des temps orageux de la ligue, montre souvent dans ses tragédies le caractère républicain; mais quel est l'auteur du siècle de Louis XIV dont l'indépendance philosophique peut se comparer à celle des écrits de

Voltaire, de Rousseau, de Montesquieu, de Raynal, &c. ?

La pureté du style ne peut aller plus loin que dans les chefs-d'œuvre du siècle de Louis XIV; et, sous ce rapport, ils doivent être toujours considérés comme les modèles de la littérature française. Ils ne renferment pas (Bossuet excepté) toutes les beautés que peut produire l'éloquence; mais ils sont exempts de tous les défauts qui altèrent l'effet des plus grandes beautés.

Une société aristocratique est singulièrement favorable à la délicatesse, à la finesse du style. Il faut, pour bien écrire, des habitudes autant que des réflexions; et si les idées naissent dans la solitude, les formes propres à ces idées, les images dont on se sert pour les rendre sensibles, appartiennent presque toujours aux souvenirs de l'éducation, et de la société avec laquelle on a vécu. Dans tous les pays, mais principalement en France, les mots ont chacun, pour ainsi dire, leur histoire particulière; telle circonstance frappante a pu les ennoblir, telle autre les dégrader. Un auteur peut rendre à jamais ridicule une expression dont il s'est inconvenablement servi ; un usage, une opinion, un culte peut relever ou avilir par des idées accessoires l'image la plus naturelle. C'est dans le cercle resserré d'un petit nombre d'hommes supérieurs, soit par leur éducation, soit par leur mérite, que les règles et le goût du style peuvent se conserver. Comment, au milieu d'une société grossière, parviendroit-on à créer en soi cette délicatesse d'instinct qui repousse tout ce qui blesse le goût, avant même d'avoir analysé les motifs de sa répugnance ?

Le style représente, pour ainsi dire, au lecteur le maintien, l'accent, le geste de celui qui s'adresse à lui ; et, dans aucune circonstance, la vulgarité (1) des manières ne peut ajouter à la force des idées, ni à celle des expressions. Il en est de même du style ; il faut toujours qu'il ait de la noblesse dans les objets sérieux. Aucune pensée, aucun

---

(1) Je sais bien que ce mot *la vulgarité* n'avoit pas encore été employé ; mais je le crois bon et nécessaire. Je développerai dans une note de la seconde partie de cet ouvrage quelles règles il me semble raisonnable d'adopter aujourd'hui relativement aux mots nouveaux.

sentiment ne perd pour cela de son énergie; l'élévation du langage conserve seulement cette dignité de l'homme en présence des hommes, à laquelle ne doit jamais renoncer celui qui s'expose à leurs jugemens. Car cette foule d'inconnus qu'on admet, en écrivant, à la connoissance de soi-même, ne s'attendent point à la familiarité; et la majesté du public s'étonneroit avec raison de la confiance de l'écrivain.

L'indépendance républicaine doit donc chercher à imiter la correction des auteurs du siècle de Louis XIV, pour que les pensées utiles se propagent, et que les ouvrages philosophiques soient en même temps des ouvrages classiques en littérature.

On a souvent disputé sur ce qu'il falloit préférer dans les tragédies, de l'imitation de la nature, ou du beau idéal. Je renvoie à la seconde partie de cet ouvrage quelques réflexions sur le système tragique qui peut convenir à un état républicain; cette discussion n'appartient pas à ce chapitre. L'auteur qui a porté au plus haut degré de perfection, et le style, et la poésie, et l'art de peindre le beau idéal, Racine, est l'écrivain qui donne le plus l'idée de l'influence qu'exerçoient les loix et les mœurs du règne de Louis XIV sur les ouvrages dramatiques. L'esprit de chevalerie avoit introduit dans les principes de l'honneur un genre de délicatesse qui créoit nécessairement une nature de convention; c'est-à-dire, qu'il existoit un certain degré d'héroïsme, pour ainsi dire indispensable à la noblesse, et dont il n'étoit pas permis de supposer qu'un noble pût être privé. Ce point d'honneur si susceptible, qu'il ne toléroit pas dans les relations de la vie la plus légère expression qui pût blesser la fierté la plus exaltée, ce point d'honneur donnoit aussi ses loix à l'imitation théâtrale, aux jeux de l'imagination; et la diversité des caractères qu'on pouvoit peindre devoit rester dans les bornes prescrites. Il n'étoit pas permis d'étendre cette diversité aussi loin que la nature; et l'on étoit contenu par un certain respect envers les classes supérieures, qui ne permettoit pas de représenter en elles rien qui pût les avilir.

L'adulation envers le monarque élevoit encore plus haut le beau idéal. La nation s'anéantit alors qu'elle n'est composée que des adorateurs d'un seul homme. La grandeur factice qu'il falloit accorder à Louis XIV portoit les esprits des poètes à peindre toujours des caractères, parfaits comme celui que la flatterie avoit inventé : l'imagination des écrivains devoit au moins aller aussi loin que leurs louanges ; et le même modèle se répétoit souvent dans les tableaux dramatiques. Le caractère d'Achille, dans Iphigénie, avoit quelques traits de la galanterie française ; on retrouvoit dans Titus des allusions à Louis XIV. Le plus beau génie du monde, Racine, ne se permettoit pas des conceptions aussi hardies que sa pensée peut-être les lui auroit suggérées, parce qu'il avoit sans cesse présens à l'esprit ceux qui devoient le juger.

Le public terrible, mais inconnu, d'une assemblée tumultueuse, inspire moins de timidité que cet aréopage de la cour dont l'auteur voudroit captiver personnellement chaque juge. Devant un tel tribunal, le goût paroît encore plus nécessaire que l'énergie. On veut arriver aux grands effets par beaucoup de nuances, et l'on ne peut alors employer les mêmes moyens dont se servoit

Shakespear pour entraîner le flot populaire qui se précipitoit à ses pièces.

La peinture de l'amour, sous le règne de Louis XIV, étoit aussi soumise à quelques règles reçues. La galanterie envers toutes les femmes, introduite par les loix de la chevalerie, la politesse des cours, le langage élégant que l'orgueil des rangs se réservoit comme une distinction de plus, tout multiplioit les convenances que l'on devoit ménager. Ces difficultés ajoutoient souvent à l'éclat du génie qui savoit les vaincre; mais quelquefois aussi l'expression recherchée refroidissoit l'émotion. Une sorte d'esprit madrigalique attestoit le sang-froid lors même qu'on vouloit peindre l'entraînement; et l'on se servoit souvent d'un langage qui n'appartenoit ni à la raison, ni à l'amour.

Il manquoit quelque chose, même à Racine, dans la connoissance du cœur humain, sous les rapports que la philosophie seule peut faire découvrir. Mais s'il faut une réflexion approfondie pour démêler ce qu'on pourroit ajouter encore à de tels chefs-d'œuvre, les bornes de la philosophie, dans le siècle de Louis XIV, se font sentir d'une manière bien plus remarquable dans les ouvrages littéraires qui n'appartiennent pas à l'art dramatique. Ces bornes sont l'une des principales causes de la médiocrité des historiens.

Les guerres religieuses avoient fait naître un esprit de parti qui change plusieurs histoires en plaidoyers théologiques; l'esprit de corps, différent encore de l'esprit de parti, mais non moins éloigné de la vérité, dénature également les faits. Enfin le code de la féodalité donnant pour base à toutes les institutions, à tous les pouvoirs, les droits antérieurs consacrés par le temps, il n'étoit pas permis de dire la vérité sur le passé, quelque ancien qu'il pût être; les autorités présentes en dépendoient : des erreurs de tous les genres arrêtoient les historiens sur tous les sujets, ou, ce qui étoit plus fâcheux encore, les historiens adoptoient sincèrement ces erreurs mêmes.

L'homme, environné de tant d'institutions respectées, de tant de préjugés éclatans, de tant de convenances reçues, ne pouvoit pas en appeler à l'indépendance de ses réflexions; sa raison ne devoit pas tout examiner, son ame n'étoit jamais affranchie du joug de l'opinion ; la solitude même ne ramenoit pas sa réflexion aux idées naturelles ; l'ascendant du monarque et du culte monarchique avoit pénétré dans la conviction intime de tous. Ce n'étoit pas un despotisme qui comprimoit les esprits ni les ames ; c'étoit un despotisme qui paroissoit à tous tellement dans la nature des choses, qu'on se façonnoit pour lui comme pour l'ordre invariable de ce qui existe nécessairement.

Un seul asyle restoit encore, la religion, et dans cet asyle, un homme, Bossuet, fit entendre quelques vérités courageuses. Tous les intérêts de la vie étoient soumis au monarque ; mais, au nom de la mort, on pouvoit encore lui parler d'égalité. Ces dogmes, ces cérémonies, cet appareil religieux, étoient alors la seule barrière de la puissance : on la citoit devant l'éternité ; et si les hommes abandonnoient à un homme la disposition de leur existence, ils en appeloient à Dieu, qui faisoit trembler les rois.

De nos jours, si le pouvoir absolu d'un seul s'établissoit en France, il nous manqueroit ce recours à des idées majestueuses, à des idées qui, planant sur l'espèce humaine entière, consoloient des hasards du sort; et la raison philosophique opposeroit moins de digues à la tyrannie, que l'indomptable croyance, l'intrépide dévouement de l'enthousiasme religieux.

CHAPITRE XX.

Du dix-huitième Siècle jusqu'en 1789.

CETTE époque est celle où la littérature a donné l'impulsion à la philosophie. Après la mort de Louis XIV, les mêmes abus n'étant plus défendus par le même pouvoir, la réflexion s'est tournée vers les questions qui intéressoient la religion et la politique; et la révolution des esprits a commencé. Les philosophes anglais connus en France, ont été l'une des premières causes de cet esprit d'analyse qui a conduit si loin les écrivains français; mais, indépendamment de cette cause particulière, le siècle qui succède au siècle de la littérature est dans tous les pays, comme j'ai tâché de le prouver, celui de la pensée. Heureux si les Français sont assez favorisés par la destinée, pour que le fil des progrès métaphysiques, des découvertes dans les sciences et des idées philosophiques ne se rompe pas encore entre leurs mains.

La liberté des opinions a commencé, en France, par des attaques contre la religion catholique ; d'abord, parce que c'étoient les seules hardiesses sans conséquences pour l'auteur, et, en second lieu, parce que Voltaire, le premier homme qui ait popularisé la philosophie en France, trouvoit dans ce sujet un fonds inépuisable de plaisanteries, toutes dans l'esprit français, toutes dans l'esprit même des hommes de la cour.

Les courtisans ne réfléchissant pas sur la connexion intime qui doit exister entre tous les préjugés, espéroient tout-à-la-fois se maintenir dans une situation fondée sur l'erreur, et se parer eux-mêmes d'un esprit philosophique ; ils vouloient dédaigner quelques-uns de leurs avantages, et néanmoins les conserver ; ils pensoient qu'on n'éclaireroit sur les abus que leurs possesseurs, et que le vulgaire continueroit à croire, tandis qu'un petit nombre d'hommes jouissant, comme toujours, de la supériorité de leur rang, joindroient encore à cette supériorité celle de leurs lumières; ils se flattoient de pouvoir regarder long-temps leurs inférieurs comme des dupes, sans que ces inférieurs se lassassent jamais d'une telle situation. Aucun homme ne pouvoit, mieux que Voltaire, profiter de cette disposition des nobles de France; car il se peut que lui-même il la partageât.

Il aimoit les grands seigneurs, il aimoit les rois; il vouloit éclairer la société plutôt que la changer. La grace piquante, le goût exquis qui régnoient dans ses ouvrages, lui rendoient presque nécessaire d'avoir pour juge l'esprit aristocratique. Il vouloit que les lumières fussent de bon ton, que la philosophie fût à la mode; mais il ne soulevoit point les sensations fortes de la nature; il n'appeloit pas du fond des forêts, comme Rousseau, la tempête des passions primitives, pour ébranler le gouvernement sur ses antiques bases. C'est avec la plaisanterie et l'arme du ridicule que Voltaire affoiblissoit par degrés l'importance de quelques erreurs : il déracinoit tout autour ce que l'orage a depuis si facilement renversé; mais il ne prévoyoit pas, il ne vouloit pas la révolution qu'il a préparée.

Une république fondée sur un système d'égalité philosophique n'étant point dans ses opinions, ne pouvoit être son but secret. L'on n'apperçoit point dans ses écrits une idée lointaine, un dessein caché : cette clarté, cette facilité qui distingue ses ouvrages, permet de tout voir, et ne laisse rien à deviner.

Rousseau, portant dans son sein une ame souffrante, que l'injustice, l'ingratitude, les stupides mépris des hommes indifférens et légers avoient long-temps déchirée; Rousseau, fatigué de l'ordre social, pouvoit recourir aux idées purement naturelles. Mais la destinée de Voltaire étoit le chef-d'œuvre de la société, des beaux-arts, de la civilisation monarchique : il devoit craindre même de renverser ce qu'il attaquoit. Le mérite et l'intérêt de la plupart de ses plaisanteries tiennent à l'existence des préjugés dont il se moque.

Tous les ouvrages qui tirent un mérite quelconque des circonstances du moment, ne conservent point une gloire inaltérable. On peut les considérer comme une action de tel jour, mais non comme des livres immortels. L'écrivain qui ne cherche que dans l'immuable nature de l'homme, dans la pensée et le sentiment, ce qui doit éclairer les esprits de tous les siècles, est indépendant des événemens ; ils ne changeront jamais rien à l'ordre des vérités que cet écrivain développe. Mais quelques-uns des ouvrages en prose de Voltaire sont déjà comme les Lettres provinciales : on en aime la tournure ; on en délaisse le sujet. Que nous font à présent les plaisanteries sur les juifs ou sur la religion catholique ! Le temps en est passé : les Philippiques de Démosthènes, au contraire, sont toujours contemporaines, parce qu'il parloit à l'homme, et que l'homme est resté.

Dans le siècle de Louis XIV, la perfection de l'art même d'écrire étoit le principal objet des écrivains ; mais, dans le dix-huitième siècle, on voit déjà la littérature prendre un caractère différent. Ce n'est plus un art seulement, c'est un moyen ; elle devient une arme pour l'esprit humain, qu'elle s'étoit contentée jusqu'alors d'instruire et d'amuser.

La plaisanterie étoit, du temps de Voltaire, comme les apologues dans l'orient, une manière allégorique de faire entendre la vérité sous l'empire de l'erreur. Montesquieu essaya ce genre de raillerie dans ses Lettres persanes ; mais il n'avoit point la gaîté naturelle de Voltaire ; et c'est à force d'esprit qu'il y suppléa. Des ouvrages d'une plus haute conception ont marqué sa place : des milliers de pensées sont nées de sa pensée. Il a analysé toutes les questions politiques sans enthousiasme, sans système positif. Il a fait voir ; d'autres ont choisi. Mais si l'art social atteint un jour en France à la certitude d'une science dans ses principes et dans son application, c'est de Montesquieu que l'on doit compter ses premiers pas.

Rousseau vint ensuite. Il n'a rien découvert, mais il a tout enflammé ; et le sentiment de l'égalité, qui produit bien plus d'orages que l'amour de la liberté, et qui fait naître des questions d'un tout autre ordre et des événemens d'une plus terrible nature, le sentiment de l'égalité, dans sa grandeur comme dans sa petitesse, se peint à chaque ligne des écrits de Rousseau, et s'empare de l'homme tout entier par les vertus comme par les vices de sa nature.

Voltaire a rempli à lui seul cette époque de la philosophie, où il faut accoutumer les hommes comme les enfans à jouer avec ce qu'ils redoutent. Vient ensuite le moment d'examiner les objets de front; puis enfin de s'en rendre maître. Voltaire, Montesquieu, Rousseau ont parcouru ces diverses périodes des progrès de la pensée; et, comme les dieux de l'Olympe, ils ont franchi l'espace en trois pas.

La littérature du dix-huitième siècle s'enrichit de l'esprit philosophique qui le caractérise. La pureté du style, l'élégance des expressions n'ont pu faire des progrès après Racine et Fénélon; mais la méthode analytique donnant plus d'indépendance à l'esprit, a porté la réflexion sur une foule d'objets nouveaux. Les idées philosophiques ont pénétré dans les tragédies, dans les contes, dans tous les écrits même de pur agrément; et Voltaire, unissant la grace du siècle précédent à la philosophie du sien, sut embellir le charme de l'esprit par toutes les vérités dont on ne croyoit pas encore l'application possible.

Voltaire a fait faire des progrès à l'art dramatique, quoiqu'il n'ait point égalé la poésie de Racine. Mais sans imiter les incohérences des tragédies anglaises, sans se permettre même de transporter sur la scène française toutes leurs beautés, il a peint la douleur avec plus d'énergie que les auteurs qui l'ont précédé. Dans ses pièces, les situations sont plus fortes, la passion est peinte avec plus d'abandon, et les mœurs théâtrales sont plus rapprochées de la vérité. Quand la philosophie fait des progrès, tout marche avec elle; les sentimens se développent avec les idées. Un certain asservissement de l'esprit empêche l'homme d'observer ce qu'il éprouve, de se l'avouer, de l'exprimer; et l'indépendance philosophique sert, au contraire, à mieux connoître, et la nature humaine, et la sienne propre. L'émotion produite par les tragédies de Voltaire, est donc plus forte, quoiqu'on admire davantage celles de Racine. Les sentimens, les situations, les caractères que Voltaire nous présente, tiennent de plus près à nos souvenirs. Il importe au perfectionnement de la morale elle-même que le théâtre nous offre toujours quelques modèles au-dessus de nous ; mais l'attendrissement est d'autant plus profond, que l'auteur sait mieux retracer nos propres affections à notre pensée.

Quel rôle est plus touchant au théâtre, que celui de Tancrède ! Phèdre vous inspire de l'étonnement, de l'enthousiasme ; mais sa nature n'est point celle d'une femme sensible et délicate. Tancrède, on se le rappelle comme un héros qu'on auroit connu, comme un ami qu'on auroit regretté. La valeur, la mélancolie, l'amour, tout ce qui fait aimer et sacrifier la vie, tous les genres de volupté de l'ame sont réunis dans cet admirable sujet. Défendre la patrie qui nous a proscrits, sauver la femme qu'on aime alors qu'on la croit coupable, l'accabler de générosité, et ne se venger d'elle qu'en se dévouant à la mort, quelle nature sublime, et cependant en harmonie avec toutes les ames tendres! Cet héroïsme, expliqué par l'amour, n'étonne qu'à la réflexion. L'intérêt que la pièce inspire exalte si fortement les spectateurs, qu'ils se croient tous capables du même dévouement.

Et cette admiration profonde d'Aménaïde pour Tancrède, et cette estime sacrée de Tancrède pour Aménaïde, combien elle ajoute au déchirement de la douleur! Phèdre qui n'est point aimée, que peut-elle perdre dans la vie? Mais ce bonheur frappé par le sort, la confiance mutuelle, ce bien suprême, flétri par la calomnie! l'impression de cette situation est telle, que le spectacle ne pourroit la supporter, si Tancrède mouroit sans apprendre d'Aménaïde qu'elle n'a jamais cessé de l'aimer. La scène déchirante du dénouement produit une sorte de soulagement. Tancrède expire alors qu'il eût souhaité de vivre; et néanmoins il meurt avec un sentiment plus doux.

Eh! qui n'éprouve pas, en effet, qu'il vaut mieux descendre dans la tombe avec des affections qui font regretter la vie, que si l'isolement du cœur nous avoit d'avance frappés de mort ? Dans cet avenir incertain qui se présente confusément au-delà du terme de notre être, ceux qui nous ont aimés semblent devoir encore nous suivre ; mais si nous avions cessé d'estimer leurs vertus, de croire à leur tendresse ; si nous étions déjà seuls, où seroit l'appui d'une espérance ? par quelle émotion notre ame pourroit elle s'élever jusqu'au ciel ? dans quel cœur resteroit la trace de cet être passager qui implore la durée ? quels vœux s'élèveroient vers l'intelligence suprême, pour lui demander de ne pas briser la chaîne de souvenirs qui unit ensemble deux existences ?

Les pensées qui rappellent, de quelque manière, aux hommes ce qui leur est commun à tous, causent toujours une émotion profonde ; et c'est encore sous ce point de vue que les réflexions philosophiques introduites par Voltaire dans ses tragédies, lorsque ces réflexions ne sont pas trop prodiguées, rallient l'intérêt universel aux diverses situations qu'il met en scène. J'examinerai, dans la seconde partie de cet ouvrage, si l'on ne peut pas adapter encore à notre théâtre quelques beautés nouvelles, plus rapprochées de l'imitation de la nature; mais on ne sauroit nier que Voltaire n'ait fait faire un pas de plus, sous ce rapport, à l'art dramatique, et que la puissance des effets du théâtre ne s'en soit accrue.

L'illustration littéraire du dix-huitième siècle est principalement due à ses écrivains en prose. Bossuet et Fénélon doivent sans doute être cités comme les premiers qui aient donné l'exemple de réunir dans un même langage tout ce que la prose a de justesse, et la poésie d'imagination. Mais combien Montesquieu, par l'expression énergique de la pensée, Rousseau, par la peinture éloquente de la passion, n'ont-ils pas enrichi l'art d'écrire en français ?

La régularité de la versification donne une sorte de plaisir auquel la prose ne peut atteindre; c'est une sensation physique qui dispose à l'attendrissement ou à l'enthousiasme; c'est une difficulté vaincue dont les connoisseurs jugent le mérite, et qui cause même aux ignorans une jouissance qu'ils ne peuvent analyser. Mais il faut aussi convenir de tout le charme, de toute la jouissance des images poétiques et des mouvemens d'éloquence dont la prose perfectionnée nous offre de si beaux exemples. Racine lui-même fait à la rime, à l'hémistiche, au nombre des syllabes, des sacrifices de style; et s'il est vrai que l'expression juste, celle qui rend jusqu'à la plus délicate nuance, jusqu'à la trace la plus fugitive de la liaison de nos idées; s'il est vrai que cette expression soit unique dans la langue, qu'elle n'ait point d'équivalent, que jusqu'au choix des transitions grammaticales, des articles entre les mots, tout puisse servir à éclaircir une idée, à réveiller un souvenir, à écarter un rapprochement inutile, à transmettre un mouvement comme il est éprouvé, à perfectionner enfin ce talent sublime qui fait communiquer la vie avec la vie, et révèle à l'ame solitaire les secrets d'un autre cœur et les impressions intimes d'un autre être; s'il est vrai qu'une grande délicatesse de style ne permettroit pas, dans les périodes éloquentes, le plus léger changement sans en être blessée, s'il n'est qu'une manière d'écrire le mieux possible, se peut-il qu'avec les règles des vers, cette manière unique puisse toujours se rencontrer?

L'harmonie du style en prose a fait de grands progrès; mais cette harmonie ne doit point imiter l'effet musical des beaux vers : si l'on vouloit l'essayer, on rendroit la prose monotone, on cesseroit d'être libre dans le choix de ses expressions, sans être dédommagé par la consonnance de la poésie versifiée. L'harmonie de la prose, c'est celle que la nature indique d'elle-même à nos organes. Lorsque nous sommes émus, le son de la voix s'adoucit pour implorer la pitié, l'accent devient plus sévère pour exprimer une résolution généreuse; il s'élève, il se précipite lorsqu'on veut entraîner à son opinion les auditeurs incertains qui nous entourent : le talent, c'est la faculté d'appeler à soi, quand on le veut, toutes les ressources, tous les effets des mouvemens naturels; c'est cette mobilité d'ame qui vous fait recevoir de l'imagination l'émotion que les autres hommes ne pourroient éprouver que par les événemens de leur propre vie.

Les plus beaux morceaux de prose que nous connoissions, sont la langue des passions évoquée par le génie. L'homme sans talent littéraire auroit trouvé ces expressions que nous admirons, si le malheur avoit profondément agité son ame.

Sur les champs de Philippe, Brutus s'écria : « Oh ! vertu, ne serois-tu qu'un fantôme » ? Le tribun des soldats romains, les conduisant à une mort certaine pour forcer un poste important, leur dit : « Il est néces-
» saire d'aller là ; mais il n'est pas nécessaire
» d'en revenir. *Ire illuc necesse est, unde*
» *redire non necesse* ». Arie dit à Petus en lui remettant le poignard : « Tiens, cela ne fait
» point de mal ». Bossuet, en faisant l'éloge de Charles 1ᵉʳ dans l'oraison funèbre de sa femme, s'arrête, et dit en montrant son cercueil : « Ce cœur, qui n'a jamais vécu que
» pour lui, se réveille, tout poudre qu'il
» est, et devient sensible, même sous ce
» drap mortuaire, au nom d'un époux si
» cher ». Emile, prêt à se venger de sa maîtresse, s'écrie : « Malheureux ! fais-lui
» donc un mal que tu ne sentes pas ». Com-

ment distinguer dans de tels mots ce qu'il faut attribuer à l'invention ou à l'histoire, à l'imagination ou à la réalité? Héroïsme, éloquence, amour, tout ce qui élève l'ame, tout ce qui la soustrait à la personnalité, tout ce qui l'agrandit et l'honore, appartient à la puissance de l'émotion.

Du moment où la littérature commence à se mêler d'objets sérieux; du moment où les écrivains entrevoient l'espérance d'influer sur le sort de leurs concitoyens par le développement de quelques principes, par l'intérêt qu'ils peuvent donner à quelques vérités, le style en prose se perfectionne.

M. de Buffon s'est complu dans l'art d'écrire, et l'a porté très-loin; mais quoiqu'il fût du dix-huitième siècle, il n'a point dépassé le cercle des succès littéraires : il ne veut faire, avec de beaux mots, qu'un bel ouvrage; il ne demande aux hommes que leur approbation; il ne cherche point à les influencer, à les remuer jusqu'au fond de leur ame; la parole est son but autant que son instrument; il n'atteint donc pas au plus haut point de l'éloquence.

Dans les pays où le talent peut changer le sort des empires, le talent s'accroît par l'objet qu'il se propose : un si noble but inspire des écrits éloquens par le même mouvement qui rend susceptible d'actions courageuses. Toutes les récompenses de la monarchie, toutes les distinctions qu'elle peut offrir, ne donneront jamais une impulsion égale à celle que fait naître l'espoir d'être utile. La philosophie elle-même n'est qu'une occupation frivole dans un pays où les lumières ne peuvent pénétrer dans les institutions. Lorsque la pensée ne peut jamais conduire à l'amélioration du sort des hommes, elle devient, pour ainsi dire, une occupation efféminée ou pédantesque. Celui qui écrit sans avoir agi ou sans vouloir agir sur la destinée des autres, n'empreint jamais son style ni ses idées du caractère ni de la puissance de la volonté.

Vers le dix-huitième siècle, quelques écrivains français ont conçu pour la première fois l'espérance de propager utilement leurs idées spéculatives ; leur style en a pris un accent plus mâle, leur éloquence une chaleur plus vraie. L'homme de lettres, alors qu'il vit dans un pays où le patriotisme des citoyens ne peut jamais être qu'un sentiment stérile, est, pour ainsi dire, obligé de se supposer des passions pour les peindre, de s'exciter à l'émotion pour en saisir les effets, de se modifier pour écrire, et de se placer, s'il se peut, en dehors de lui-même pour examiner quel parti littéraire il peut tirer de ses opinions et de ses sentimens.

On apperçoit déjà les premières nuances du grand changement que la liberté politique doit produire dans la littérature, en comparant les écrivains du siècle de Louis XIV et ceux du dix-huitième siècle : mais quelle force le talent n'acquerroit-il pas dans un gouvernement où l'esprit seroit une véritable puissance ? L'écrivain, l'orateur se sent exalté par l'importance morale ou politique des intérêts qu'il traite ; s'il plaide pour la victime devant l'assassin, pour la liberté devant les oppresseurs, si les infortunés qu'il défend écoutent en tremblant le son de sa voix, pâlissent lorsqu'il hésite, perdent tout espoir si l'expression triomphante échappe à son esprit convaincu ;

si les destinées de la patrie elle-même lui sont confiées, il doit essayer d'arracher les caractères égoïstes à leurs intérêts, à leurs terreurs, de faire naître dans ses auditeurs ce mouvement du sang, cette ivresse de la vertu qu'une certaine hauteur d'éloquence peut inspirer momentanément, même à des criminels. Combien, dans une telle situation, avec un tel dessein, ne surpassera-t-il pas ses propres forces ? Il trouvera des idées, des expressions que l'ambition du bien peut seule faire découvrir ; il sentira son génie battre dans son sein, il pourra s'écrier un jour avec transport, en relisant ce qu'il aura écrit, ce qu'il aura dit dans un tel moment, comme Voltaire en entendant déclamer ses vers : « Non, ce n'est pas moi qui ai » fait cela ». Ce n'est pas, en effet, l'homme isolé, l'homme armé seulement de ses facultés individuelles, qui atteint de son propre essor à ces pensées d'éloquence dont l'irrésistible autorité dispose de tout notre être moral : c'est l'homme alors qu'il peut sauver l'innocence, c'est l'homme alors qu'il peut renverser le despotisme, c'est l'homme enfin lorsqu'il se consacre au bonheur de l'humanité : il se croit, il éprouve une inspiration surnaturelle.

La révolution permet-elle à la France tant d'émulation et tant de gloire? C'est ce que j'examinerai dans la seconde partie de cet ouvrage. Ici se terminent mes réflexions sur le passé. Je vais maintenant examiner l'esprit actuel, et présenter quelques conjectures sur l'avenir. Des intérêts plus animés, des passions encore vivantes jugeront ce nouvel ordre de recherches; mais je sens néanmoins que je puis analyser le présent avec autant d'impartialité que si le temps avoit depuis longtemps dévoré les années que nous parcourons.

De toutes les abstractions que permet la méditation solitaire, la plus facile, ce me semble, c'est de généraliser ses observations sur ce qu'on voit, comme celles que l'on feroit sur l'histoire des siècles précédens. L'exercice de la pensée, plus que toute autre occupation de la vie, détache des passions personnelles. L'enchaînement des idées et la progression croissante des vérités philosophiques fixent l'attention de l'esprit bien plus que les rapports passagers, incohérens et partiels qui peuvent exister entre nos circonstances particulières et les événemens de notre temps.

FIN DE LA PREMIÈRE PARTIE.

SECONDE PARTIE.

DE L'ÉTAT ACTUEL DES LUMIÈRES EN FRANCE, ET DE LEURS PROGRÈS FUTURS.

CHAPITRE PREMIER.

Idée générale de la seconde Partie.

J'ai suivi l'histoire de l'esprit humain depuis Homère jusqu'en 1789. Dans mon orgueil national, je regardois l'époque de la révolution de France comme une ère nouvelle pour le monde intellectuel. Peut-être n'est-ce qu'un événement terrible ! — peut-être l'empire d'anciennes habitudes ne permet-il pas que cet événement puisse amener de long-temps ni une institution féconde, ni un résultat philosophique. Quoi qu'il en soit, cette seconde partie contenant quelques idées générales sur les progrès de l'esprit humain, il peut être utile de développer ces idées, dussent-elles ne trouver leur application que dans un autre pays ou dans un autre siècle.

Je crois donc toujours intéressant d'examiner quel devroit être le caractère de la littérature d'un grand peuple, d'un peuple éclairé, chez lequel seroient établies la liberté, l'égalité politique, et les mœurs qui s'accordent avec ses institutions. Il n'est qu'une nation dans l'univers à laquelle puissent convenir dès-à-présent quelques-unes de ces réflexions : ce sont les Américains. Ils n'ont point encore de littérature formée : mais quand leurs magistrats sont appelés à s'adresser, de quelque manière, à l'opinion publique, ils possèdent éminemment le don de remuer toutes les affections de l'ame, par l'expression des vérités simples et des sentimens purs ; et c'est déjà connoître les plus utiles secrets du style. Qu'il soit donc admis que les considérations qu'on va lire, quoiqu'elles aient été composées pour la France en particulier, sont néanmoins susceptibles, sous divers rapports, d'une application plus générale.

Toutes les fois que je parle des modifications et des améliorations que l'on peut espérer dans la littérature française, je suppose toujours l'existence et la durée de la liberté et de l'égalité politique. En faut-il conclure que je croye à la possibilité de cette liberté et de cette égalité ? Je n'entreprends point de résoudre un tel problême. Je me décide encore moins à renoncer à un tel espoir. Mon but est de chercher à connoître quelle seroit l'influence qu'auroient sur les lumières et sur la littérature les institutions qu'exigent ces principes, et les mœurs que ces institutions amèneroient.

Il est impossible de séparer ces observations, lorsqu'elles ont la France pour objet, des effets déjà produits par la révolution même ; ces effets, l'on doit en convenir, sont au détriment des mœurs, des lettres et de la philosophie. Dans le cours de cet ouvrage, j'ai montré comment le mélange des peuples du nord et de ceux du midi avoit causé pendant un temps la barbarie, quoiqu'il en fût résulté, par la suite, de très-grands progrès pour les lumières et la civilisation. L'introduction d'une nouvelle classe dans le gouvernement de France, devoit produire un effet semblable. Cette révolution peut, à la longue, éclairer une plus grande masse d'hommes ; mais, pendant plusieurs années, la vulgarité du langage, des manières, des opinions, doit faire rétrograder, à beaucoup d'égards, le goût et la raison.

Personne ne conteste que la littérature n'ait beaucoup perdu depuis que la terreur a moissonné, dans la France, les hommes, les caractères, les sentimens et les idées. Mais sans analyser les résultats de ce temps horrible qu'il faut considérer comme tout-à-fait en dehors du cercle que parcourent les événemens de la vie, comme un phénomène monstrueux que rien de régulier n'explique ni ne produit, il est dans la nature même de la révolution d'arrêter, pendant quelques années, les progrès des lumières, et de leur donner ensuite une impulsion nouvelle. Il faut donc examiner d'abord les deux principaux obstacles qui se sont opposés au développement des esprits, la perte de l'urbanité des mœurs, et celle de l'émulation que pouvoient exciter les récompenses de l'opinion. Quand j'aurai présenté les diverses idées qui tiennent à ce sujet, je considérerai de quelle perfectibilité la littérature et la philosophie sont susceptibles, si nous nous corrigeons des erreurs révolutionnaires, sans abjurer avec elles les vérités qui intéressent l'Europe pensante à la fondation d'une république libre et juste.

Mes conjectures sur l'avenir seront le résultat de mes observations sur le passé. J'ai essayé de démontrer comment la démocratie de la Grèce, l'aristocratie de Rome, le paganisme des deux nations donnèrent un caractère différent aux beaux-arts et à la philosophie; comment la férocité du nord se mêlant à l'avilissement du midi, l'un et l'autre, modifiés par la religion chrétienne, ont été les principales causes de l'état des esprits dans le moyen âge. J'ai tenté d'expliquer les contrastes singuliers de la littérature italienne, par les souvenirs de la liberté et les habitudes de la superstition; la monarchie la plus aristocratique dans ses mœurs, et la constitution royale la plus républicaine dans ses habitudes, m'ont paru l'origine première des différences les plus frappantes entre la littérature anglaise et la littérature française. Il me reste maintenant à examiner, d'après l'influence que les loix, les religions et les mœurs ont exercée de tous les temps sur la littérature, quels changemens les institutions nouvelles, en France, pourroient apporter dans le caractère des écrits. Si telles institutions politiques ont amené tels résultats en littérature, on doit pouvoir présager, par analogie, comment ce qui ressemble ou ce qui diffère dans les causes modifieroit les effets.

Les nouveaux progrès littéraires et philosophiques que je me propose d'indiquer, continueront le développement du système de perfectibilité dont j'ai tracé la marche depuis les Grecs. Il est aisé de montrer combien les pas qu'on feroit dans cette route seroient accélérés, si tous les préjugés autour desquels il faut faire passer le chemin de la vérité étoient applanis, et s'il ne s'agissoit plus, en philosophie, que d'avancer directement de démonstrations en démonstrations.

Telle est la marche adoptée dans les sciences positives, qui font chaque jour une découverte de plus, et ne rétrogradent jamais. Oui, dût cet avenir, que je me complais à tracer, être encore éloigné, il sera néanmoins utile de rechercher ce qu'il pourroit être. Il faut vaincre le découragement que font éprouver de certaines époques de l'esprit public, dans lesquelles on ne juge plus rien que par des craintes ou par des calculs entièrement étrangers à l'immuable nature des idées philosophiques. C'est pour obtenir du crédit ou du pouvoir qu'on étudie la direction de l'opinion du moment; mais qui veut penser, qui veut écrire, ne doit consulter que la conviction solitaire d'une raison méditative.

Il faut écarter de son esprit les idées qui circulent autour de nous, et ne sont, pour ainsi dire, que la représentation métaphysique de quelques intérêts personnels; il faut tour-à-tour précéder le flot populaire, ou rester en arrière de lui: il vous dépasse, il vous rejoint, il vous abandonne; mais l'éternelle vérité demeure avec vous.

La conviction de l'esprit cependant ne

peut être un aussi ferme appui que la conscience de l'ame. Ce que la morale commande dans les actions n'est jamais douteux; mais souvent on hésite, souvent on se repent de ses opinions mêmes, lorsque des hommes odieux s'en saisissent pour les faire servir de prétexte à leurs forfaits; et la vacillante lumière de la raison ne rassure point encore assez dans les tourmentes de la vie.

Néanmoins, ou l'esprit ne seroit qu'une inutile faculté, ou les hommes doivent toujours tendre vers de nouveaux progrès qui puissent devancer l'époque dans laquelle ils vivent. Il est impossible de condamner la pensée à revenir sur ses pas, avec l'espérance de moins et les regrets de plus; l'esprit humain, privé d'avenir, tomberoit dans la dégradation la plus misérable. Cherchons-le donc cet avenir, dans les productions littéraires et les idées philosophiques. Un jour peut-être ces idées seront appliquées aux institutions avec plus de maturité; mais en attendant, les facultés de l'esprit pourront du moins avoir une direction utile; elles serviront encore à la gloire de la nation.

Si vous portez des talens supérieurs au

milieu des passions humaines, vous vous persuaderez bientôt que ces talens mêmes ne sont qu'une malédiction du ciel ; mais vous les retrouverez comme des bienfaits, si vous pouvez croire encore au perfectionnement de la pensée, si vous entrevoyez de nouveaux rapports entre les idées et les sentimens, si vous pénétrez plus avant dans la connoissance des hommes, si vous pouvez ajouter un seul degré de force à la morale, si vous vous flattez enfin de réunir par l'éloquence les opinions éparses de tous les amis des vérités généreuses.

CHAPITRE II.

Du goût, de l'urbanité des mœurs, et de leur influence littéraire et politique.

L'on s'est persuadé pendant quelque temps, en France, qu'il falloit faire aussi une révolution dans les lettres, et donner aux règles du goût, en tout genre, la plus grande latitude. Rien n'est plus contraire aux progrès de la littérature, à ces progrès qui servent si efficacement à la propagation des lumières philosophiques, et par conséquent au maintien de la liberté. Rien n'est plus funeste à l'amélioration des mœurs, l'un des premiers buts que les institutions républicaines doivent se proposer. Les délicatesses exagérées de quelques sociétés de l'ancien régime n'ont aucun rapport sans doute avec les vrais principes du goût, toujours conformes à la raison; mais l'on pouvoit bannir quelques loix de convention, sans renverser les barrières qui tracent la route du génie, et conservent, dans les discours comme dans les écrits, la convenance et la dignité.

Le seul motif que l'on allègue pour changer entièrement le ton et les formes qui maintiennent les égards et servent à la considération, c'est le despotisme que les classes aristocratiques de la monarchie exerçoient sur le goût et sur les manières. Il est donc utile de caractériser les défauts qu'on peut reprocher à quelques prétentions, à quelques plaisanteries, à quelques exigences des sociétés de l'ancien régime, afin de montrer ensuite avec d'autant plus de force, quels ont été les détestables effets, littéraires et politiques, de l'audace sans mesure, de la gaîté sans grace, et de la vulgarité avilissante qu'on a voulu introduire dans quelques époques de la révolution. De l'opposition de ces deux extrêmes, les idées factices de la monarchie et les systêmes grossiers de quelques hommes pendant la révolution, résultent nécessairement des réflexions justes sur la simplicité noble qui doit caractériser, dans la république, les discours, les écrits et les manières.

La nation française étoit, à quelques égards, trop civilisée; ses institutions, ses habitudes sociales avoient pris la place des affections naturelles. Dans les républiques anciennes, et sur-tout à Lacédémone, les loix s'emparoient du caractère individuel de chaque citoyen, les formoient tous sur le même modèle, et les sentimens politiques absorboient tout autre sentiment. Ce que Lycurgue avoit produit par ses loix en faveur de l'esprit républicain, la monarchie française l'avoit opéré par l'empire de ses préjugés en faveur de la vanité des rangs.

Cette vanité occupoit seule presque toutes les classes : l'homme ne vivoit que pour faire effet autour de lui, pour obtenir une supériorité de convention sur son concurrent immédiat, pour exciter l'envie qu'il ressentoit à son tour. D'individus en individus, de classe en classe, la vanité souffrante n'étoit en repos que sur le trône ; dans toute autre situation, depuis les plus élevées jusqu'aux dernières, on passoit sa vie à se comparer avec ses égaux ou ses supérieurs ; et loin de prendre en soi le sentiment de sa propre valeur, on cherchoit dans les regards des autres l'idée qu'ils se faisoient de l'importance qu'on avoit acquise parmi ses pareils.

Cette contention d'esprit sur des intérêts frivoles en tout, excepté par l'influence qu'ils exerçoient sur le bonheur, ce besoin de réussir, cette crainte de déplaire, altéroient, exagéroient souvent les vrais principes du goût naturel : il y avoit le goût de tel jour, celui de telle classe, enfin celui qui devoit naître de l'esprit général créé par de semblables rapports. Il existoit des sociétés qui pouvoient, par des allusions à leurs habitudes, à leurs intérêts, même à leurs caprices, ennoblir des tours familiers, ou proscrire des beautés simples. En se montrant étranger à ces mœurs de sociétés, on se classoit comme inférieur; et l'infériorité du rang est de mauvais goût dans un pays où il existe des rangs. Le peuple se moque du peuple, tant qu'il n'a point reçu l'éducation de la liberté, et l'on n'auroit fait que se rendre ridicule en France si, même avec des idées fortes, on eût voulu s'affranchir du ton qui étoit dicté par l'ascendant de la première classe.

Ce despotisme d'opinion, en s'étendant trop loin, pouvoit nuire enfin au véritable talent. Chaque jour on mettoit plus de subtilité dans les règles de la politesse et du goût; on s'éloignoit toujours plus dans les mœurs des impressions de la nature. L'aisance des manières existoit sans l'abandon des sentimens; la politesse classoit au lieu de réunir; et tout le naturel, toute la simplicité nécesssaire à la perfection de la grace, n'empêchoit pas de veiller avec une attention constante ou avec une distraction feinte sur le maintien des moindres signes de toutes les distinctions sociales.

On vouloit cependant établir un genre d'égalité; c'étoit celle qui met extérieurement au même niveau tous les esprits et tous les caractères : on vouloit cette égalité qui pèse sur les hommes distingués, et soulage la médiocrité jalouse. Il falloit et parler et se taire comme les autres, connoître les usages pour ne rien inventer, ne rien hasarder; et c'étoit en imitant long-temps les manières reçues, qu'on acquéroit enfin le droit de prétendre à une réputation à soi. L'art d'éviter les écueils de l'esprit étoit le seul usage de l'esprit même, et le vrai talent se sentoit souvent oppressé par tous ces liens de convenance. Cette sorte de goût, plutôt efféminé que délicat, qui se blesse d'un essai nouveau, d'un bruit éclatant, d'une expression énergique, arrêtoit l'essor des ames; le génie ne peut ménager tous ces égards artificiels; la gloire est orageuse, et les flots tumultueux de son cortége populaire doivent briser ces légères digues.

Mais la société, c'est-à-dire, des rapports sans but, des égards sans subordination, un théâtre où l'on apprécioit le mérite par les données les plus étrangères à sa véritable valeur; la société, dis-je, en France, avoit créé cette puissance du ridicule que l'homme le plus supérieur n'auroit pu braver. De tous les moyens qui peuvent déconcerter l'émulation des caractères élevés, le plus puissant est l'arme de la moquerie. L'apperçu fin et juste du petit côté d'un grand caractére, des foiblesses d'un beau talent, trouble jusqu'à cette confiance en ses propres forces, dont le génie a souvent besoin; et la plus légère piqûre d'une raillerie froide et indifférente peut faire mourir dans un cœur généreux la vive espérance qui l'encourageoit à l'enthousiasme de la gloire et de la vertu.

La nature a créé des remèdes aux grandes douleurs de l'homme; le génie est de force avec l'adversité, l'ambition avec les périls, la vertu avec la calomnie; mais le ridicule peut s'insinuer dans la vie, s'attacher aux qualités même, et les miner sourdement à leur insu.

L'insouciance dédaigneuse exerce un grand pouvoir sur l'enthousiasme le plus pur; la douleur même perd jusqu'à l'éloquence dont la nature l'a douée, lorsqu'elle rencontre un esprit moqueur; l'expression énergique, l'accent abandonné, l'action même, l'action généreuse est inspirée par une sorte de confiance dans les sentimens de ceux qui nous environnent; une froide plaisanterie peut la glacer.

L'esprit moqueur s'attaque à quiconque met une grande importance à quelque objet que ce soit dans le monde ; il se rit de tous ceux qui sont dans le sérieux de la vie, et croient encore aux sentimens vrais et aux intérêts graves. Sous ce rapport, il n'est pas dépourvu d'une sorte de philosophie; mais cet esprit décourageant arrête le mouvement de l'ame qui porte à se dévouer; il déconcerte jusqu'à l'indignation; il flétrit l'espérance de la jeunesse. Il n'y a que le vice insolent qui soit au-dessus de ses atteintes. En effet, l'esprit moqueur essaie rarement de l'attaquer; il est même tenté d'avoir de la considération pour le caractère qu'il n'a pas la puissance d'affliger.

Cette tyrannie du ridicule qui caractérisoit éminemment les dernières années de l'ancien régime, après avoir poli le goût, finissoit par user la force; et la littérature s'en seroit nécessairement ressentie. Il faut donc, pour donner aux écrits plus d'élévation, et aux caractères plus d'énergie, ne pas soumettre le goût aux habitudes élégantes et recherchées des sociétés aristocratiques, quelque remarquables qu'elles soient par la perfection de la grace; leur despotisme entraîneroit de graves inconvéniens pour la liberté, l'égalité politique, et même la haute littérature : mais combien le mauvais goût, poussé jusqu'à la grossièreté, ne s'opposeroit-il pas à la gloire littéraire, à la morale, à la liberté, à tout ce qui peut exister de bon et d'élevé dans les rapports des hommes entre eux ?

Depuis la révolution, une vulgarité révoltante dans les manières, s'est trouvée souvent réunie à l'exercice d'une autorité quelconque. Or les défauts de la puissance sont contagieux. En France sur-tout, il semble que le pouvoir, non-seulement influe sur les actions, sur les discours, mais presque sur la pensée intime des flatteurs qui entourent les hommes puissans. Les courtisans de tous les régimes imitent ceux qu'ils louent; ils se pénètrent d'estime pour ceux dont ils ont besoin; ils oublient que le soin même de leur intérêt n'exige que les démonstrations extérieures, et qu'il n'est pas nécessaire de fausser jusqu'à son jugement pour se montrer ce qu'on veut paroître.

Le mauvais goût, tel qu'on l'a vu dominer pendant quelques années de la révolution, n'est pas nuisible seulement aux relations de la société et à la littérature; il porte atteinte à la morale. On se permet de plaisanter sur sa propre bassesse, sur ses propres vices, de les avouer avec impudence, de se jouer des ames timides qui répugnent encore à cette avilissante gaîté. Ces esprits forts d'un nouveau genre se vantent de leur honte, et se croyent d'autant plus spirituels, qu'ils ont excité plus d'étonnement autour d'eux.

Les paroles grossières ou cruelles que des hommes en pouvoir se sont souvent permises dans la conversation, devoient, à la longue, dépraver leur ame, en même temps qu'elles agissoient sur la morale de ceux qui les écoutoient.

Une belle loi d'Angleterre interdit aux hommes que leur profession oblige à verser le sang des animaux, la faculté d'exercer des fonctions judiciaires. En effet, indépendamment de la morale qui se fonde sur la raison, il y a celle de l'instinct naturel, celle dont les impressions sont irréfléchies et irrésistibles. Lorsqu'en s'accoutumant à voir souffrir les animaux, on parvient à vaincre la répugnance des sens pour le spectacle de la douleur, l'on devient beaucoup moins accessible à la pitié, même pour les hommes; du moins l'on n'éprouve plus involontairement ses impressions. Les paroles tout-à-la-fois vulgaires et féroces produisent, à quelques égards, le même effet que la vue du sang : lorsqu'on s'habitue à les prononcer, les idées qu'elles retracent deviennent plus familières. Les hommes, à la guerre, s'excitent aux mouvemens de fureur qui doivent les animer, en se servant sans cesse du langage le plus grossier. La justice et l'impartialité nécessaires à l'administration civile, font un devoir d'employer des formes, et des expressions qui calment celui qui s'en sert et celui qui les écoute.

Le bon goût dans le langage et dans les manières de ceux qui gouvernent, inspirant plus de respect, rend les moyens de terreur moins nécessaires. Il est difficile qu'un magistrat, dont le ton révolte les ames, n'ait pas besoin de recourir à la persécution pour obtenir l'obéissance.

Un nuage d'illusions et de souvenirs environne les rois; mais les hommes élus, commandant au nom de leur supériorité personnelle, ont besoin de tous les signes extérieurs de cette supériorité ; et quel signe plus évident que ce bon goût qui, se retrouvant dans toutes les paroles, dans tous les gestes, dans tous les accens, dans toutes les actions mêmes, annonce une ame paisible et fière, qui saisit tous les rapports dans tous les instans, et ne perd jamais ni le sentiment d'elle-même, ni les égards qu'elle doit aux autres. C'est ainsi que le bon goût exerce une véritable influence politique.

L'on est assez généralement convaincu que l'esprit républicain exige un changement dans le caractère de la littérature. Je crois cette idée vraie, mais dans une acception différente de celle qu'on lui donne. L'esprit républicain exige plus de sévérité dans le bon goût, qui est inséparable des bonnes mœurs. Il permet aussi, sans doute, de transporter dans la littérature des beautés plus énergiques, un tableau plus philosophique et plus déchirant des grands événemens de la vie. Montesquieu, Rousseau, Condillac, appartenoient d'avance à l'esprit républicain, et ils avoient commencé la révolution desirable dans le caractère des ouvrages français : il faut achever cette révolution. La république développant nécessairement des passions plus fortes, l'art de peindre doit s'accroître en même temps que les sujets s'agrandissent; mais par un bizarre contraste, c'est sur-tout dans le genre licencieux et frivole qu'on a voulu profiter de la liberté que l'on croyoit avoir acquise en littérature.

On se rappeloit la réputation que la gaîté française avoit méritée dans toute l'Europe, et l'on croyoit la conserver en s'abandonnant à tout ce que réprouvent et la délicatesse et le bon goût. J'ai dit dans la première partie de cet ouvrage toutes les causes qui ont donné naissance à la grace française; il n'en est aucune qui subsiste maintenant; il n'en est aucune qui puisse se renouveler, si la combinaison que l'on suppose admet la liberté et l'égalité politique.

. Les modèles pleins de grace que nous avons dans la langue, pourront servir de guide aux Français, mais comme ils en servent aux nations étrangères. Ce qui renouveloit en France le même esprit, c'étoit le ton, les manières de ce qu'on appeloit la bonne compagnie. Dans un pays où il y aura de la liberté, l'on s'occupera beaucoup plus souvent, en société, des affaires politiques que de l'agrément des formes et du charme de la plaisanterie. Dans un pays où subsistera l'égalité politique, tous les genres de mérite seront admis ; et il n'existera point une société exclusive, consacrée uniquement à la perfection de l'esprit de société, et réunissant en elle tout l'ascendant de la fortune et du pouvoir. Or, sans ce tribunal toujours existant, l'esprit des jeunes gens ne peut se former au tact délicat, à la nuance fine et juste, qui seule donne aux écrits dans le genre léger cette grace de convenance et ce mérite de goût tant admiré dans quelques écrivains français, et particulièrement dans les pièces fugitives de Voltaire.

La littérature se perdra complètement en France, si l'on multiplie ces essais prétendus gracieux qui ne nous rendent plus que ridicules : on peut encore trouver de la vraie gaîté dans le bon comique ; mais quant à cette gaîté badine dont on nous a accablés presque au milieu de tous nos malheurs, si l'on en excepte quelques hommes qui se souviennent encore du temps passé, toutes les tentatives nouvelles en ce genre corrompent le goût littéraire en France, et nous mettent au-dessous de tous les peuples sérieux de l'Europe.

Avant la révolution, l'on avoit souvent remarqué qu'un Français, étranger à la société des premières classes, se faisoit reconnoître comme inférieur dès qu'il vouloit plaisanter : tandis qu'un Anglais, ayant toujours de la gravité et de la simplicité dans les manières, vous pouviez plus difficilement savoir en l'écoutant à quel rang de la société il appartenoit. Il faut, malgré les différences qui existeront long-temps encore entre les deux nations, que les écrivains français se hâtent d'appercevoir qu'ils n'ont plus les mêmes moyens de succès dans l'art de la plaisanterie ; et loin de penser que la révolution leur ait donné plus de latitude à cet égard, ils doivent se veiller avec plus de soin sur le bon goût, puisque la société et toutes les sociétés confondues après une révolution, n'offrent presque plus de bons modèles, et n'inspirent pas ces habitudes de tous les jours, qui font de la grace et du goût votre propre nature, sans que la réflexion ait besoin de vous les rappeler.

Les préceptes du goût, dans leur application à la littérature républicaine, sont d'une nature plus simple, mais non moins rigoureuse que les préceptes du goût adoptés par les écrivains du siècle de Louis XIV. Sous la monarchie, une foule d'usages substituoient quelquefois le ton de la convenance à celui de la raison, les égards de la société aux sentimens du cœur; mais dans une république, le goût ne devant consister que dans la connoissance parfaite de tous les rapports vrais et durables, manquer aux principes de ce goût, ce seroit ignorer la véritable nature des choses.

Il étoit souvent nécessaire, sous la monarchie, de déguiser une censure hardie, de voiler une opinion nouvelle sous la forme des préjugés reçus; et le goût qu'il falloit apporter dans ces différentes tournures exigeoit une finesse d'esprit singulièrement délicate. Mais la parure de la vérité, dans un pays libre, est d'accord avec la vérité même.

L'expression et le sentiment doivent dériver de la même source.

L'on n'est point astreint, dans un pays libre, à se renfermer toujours dans le cercle des mêmes opinions, et la variété des formes n'est point nécessaire pour cacher la monotonie des idées. L'intérêt de la progression existe toujours, puisque les préjugés ne mettent point de bornes à la carrière de la pensée ; l'esprit donc, n'ayant plus à lutter contre l'ennui, acquiert plus de simplicité, et ne risque point, pour ranimer l'attention, ces graces maniérées que réprouve le goût naturel.

Un tour de force assez difficile, qu'on se permettoit dans l'ancien régime, c'étoit l'art d'offenser les mœurs sans blesser le goût, et de jouer avec la morale, en mettant autant de délicatesse dans l'expression que d'indécence dans les principes. Rien heureusement ne convient moins que ce talent aux vertus, comme à l'esprit que doivent avoir des républicains. Dès qu'on briseroit une barrière, on n'en respecteroit plus aucune ; les rapports de la société n'auroient pas assez de puissance pour arrêter encore, quand les liens sacrés ne retiendroient plus.

D'ailleurs il faut, pour réussir dans ce genre dangereux qui réunit la grace des formes à la dépravation des sentimens, une finesse d'esprit extraordinaire; et l'exercice un peu fort de ses facultés, auquel on est appelé dans une république, fait perdre cette finesse. Le tact le plus délicat est nécessaire pour donner à l'immoralité cette grace, sans laquelle les hommes même les plus corrompus repousseroient avec dégoût les tableaux et les principes du vice.

Je parlerai dans un autre chapitre de la gaîté des comédies, de celle qui tient à la connoissance du cœur humain; mais il me paroît vraisemblable que les Français ne seront plus cités pour cet esprit aimable, élégant et gai qui faisoit le charme de la cour. Le temps fera disparoître les hommes qui sont encore des modèles en ce genre, et l'on finira par en perdre le souvenir; car il ne suffit pas des livres pour se le rappeler. Ce qui est plus fin que la pensée ne peut être appris que par l'habitude. Si la société qui inspiroit cette sorte d'instinct, ce tact rapide, est anéantie, le tact et l'instinct doivent finir avec elle. Il faut renoncer à tout ce qui ne peut s'apprendre que par tel genre de vie, et non par des combinaisons générales, quand ce genre de vie n'existe plus.

Un homme d'esprit disoit : *Le bonheur est un état sérieux.* On peut en affirmer autant de la liberté. La dignité d'un citoyen est plus importante que celle d'un sujet; car, dans une république, il faut que chaque homme de talent soit un obstacle de plus à l'usurpation politique. Cette honorable mission dont on est revêtu par sa propre conscience, c'est la noblesse du caractère qui peut seule lui donner quelque force.

On a vu des hommes autrefois réunir l'élévation des manières à l'usage presque habituel de la plaisanterie; mais cette réunion suppose une perfection de goût et de délicatesse, un sentiment de sa supériorité, de son pouvoir, de son rang même, que ne développe pas l'éducation de l'égalité. Cette grace tout-à-la-fois imposante et légère, ne doit pas convenir aux mœurs républicaines; elle caractérise trop distinctement les habitudes d'une grande fortune et d'un état élevé. La pensée est plus démocratique ; elle croît au hasard parmi tous les hommes assez indépendans pour avoir quelque loisir. C'est donc elle, avant tout, qu'il faut encourager, en se livrant moins en littérature aux objets qui appartiennent exclusivement à la grace des formes.

Ce que notre destinée a eu de terrible, force à penser; et si les malheurs des nations grandissent les hommes, c'est en les corrigeant de ce qu'ils avoient de frivole, c'est en concentrant, par la terrible puissance de la douleur, leurs facultés éparses.

Il faut consacrer le goût en littérature à l'ornement des idées ; son utilité n'en sera pas moins grande; car il est prouvé que les idées les plus profondes, et les sentimens les plus nobles ne produisent aucun effet, si des défauts de goût remarquables détournent l'attention, brisent l'enchaînement des pensées, ou déconcertent la suite d'émotions qui conduit votre esprit à de grands résultats, et votre ame à des impressions durables.

On se plaindra de la foiblesse de l'esprit humain qui s'attache à telle expression déplacée, au lieu de s'occuper uniquement de ce qui est vraiment essentiel ; mais dans les plus violentes situations de la vie, au moment même de périr, on a vu plusieurs fois qu'un incident ridicule pouvoit distraire les hommes de leur propre malheur. Comment peut-on espérer que des pensées, qu'un ouvrage pourront captiver tellement l'intérêt, que l'inconvenance du style ne détournera pas l'attention du lecteur ?

C'est un miracle du talent que d'arracher ceux qui vous écoutent, ou qui vous lisent, à leur amour-propre ; mais si les défauts de goût offrent aux juges, quels qu'ils soient, une occasion de montrer, en vous critiquant, l'esprit qu'ils ont eux-mêmes, ils la saisissent nécessairement, et ne songent plus ni aux idées, ni aux sentimens de l'auteur.

Le goût nécessaire à la littérature républicaine, dans les livres sérieux comme dans les ouvrages d'imagination, n'est point un talent à part ; c'est le perfectionnement de tous les talens ; et loin qu'il s'oppose en rien ni aux sentimens profonds, ni aux expressions énergiques, la simplicité qu'il commande, le naturel qu'il inspire, sont les seuls ornemens qui puissent convenir à la force.

L'urbanité des mœurs, de même que le bon goût, dont elle fait partie, est d'une grande importance littéraire et politique. Quoique la littérature doive s'affranchir dans la république beaucoup plus facilement que dans la monarchie, de l'empire du ton reçu dans la société, il est impossible que les modèles de la plupart des ouvrages d'imagination ne soient pas pris dans les exemples qui s'offrent habituellement aux regards. Or, que deviendroient les écrits qui prennent nécessairement l'empreinte des mœurs, si les manières vulgaires, ces manières qui font ressortir les défauts et les désavantages de tous les caractères, continuoient à dominer?

Il resteroit aux littérateurs français des ouvrages anciens dont ils pourroient encore se pénétrer; mais leur imagination ne seroit point inspirée par les objets qui les environneroient; elle s'alimenteroit par la lecture, mais jamais par les impressions qu'ils éprouveroient eux-mêmes. Ils ne réuniroient presque jamais dans les compositions littéraires le naturel des observations avec la noblesse des sentimens ; loin de s'aider de leurs souvenirs, ils auroient besoin de les écarter : à peine le recueillement de l'ame pouroit-il encore donner quelquefois l'idée du vrai beau.

L'on dira peut-être que la politesse est un avantage si léger, qu'on peut en être privé sans que ce défaut porte la moindre atteinte aux grandes et véritables qualités qui constituent la force et l'élévation du caractère. Si l'on appelle politesse les formes de galanterie du siècle de Louis XIV, certes, les premiers hommes de l'antiquité n'en avoient pas la moindre idée, et ils n'en sont pas moins les modèles les plus imposans que l'histoire et l'imagination même puissent offrir à l'admiration des siècles. Mais si la politesse est la juste mesure des relations des hommes entre eux, si elle indique ce qu'on croit être et ce qu'on est ; si elle apprend aux autres ce qu'ils sont ou ce qu'on les suppose, un grand nombre de sentimens et de pensées se rallient à la politesse.

Les formes varient sans doute suivant les

caractères, et la même bienveillance peut s'exprimer avec douceur ou avec brusquerie; mais pour discuter philosophiquement l'importance de la politesse, c'est dans son acception la plus étendue qu'il faut considérer le sens général de ce mot, sans vouloir s'arrêter à toutes les diversités que peut faire naître chaque caractère.

La politesse est le lien que la société a établi entre les hommes étrangers les uns aux autres. Il y a des vertus qui vous attachent à votre famille, à vos amis, aux malheureux; mais dans tous les rapports qui n'ont point pris encore le caractère d'un devoir, l'urbanité des mœurs prépare les affections, rend la conviction plus facile, et conserve à chaque homme le rang que son mérite doit lui obtenir dans le monde. Elle marque le degré de considération auquel chaque individu s'est élevé; et, sous ce rapport, elle dispense le prix, objet des travaux de toute la vie. Examinons maintenant sous combien de formes diverses doivent se présenter les funestes effets de la grossièreté dans les manières, et quel doit être le caractère de la politesse qui convient à l'esprit républicain.

Les femmes et les grands hommes, l'amour et la gloire, sont les seules pensées, les seuls sentimens qui retentissent vivement à l'ame. Mais comment retrouveroit-on l'image pure et fière d'une femme, dans un pays où les relations de société ne seroient pas surveillées par la plus rigoureuse décence? Où prendroit-on le type des vertus, lorsque les femmes elles-mêmes, ces juges indépendans des combats de la vie, auroient laissé flétrir en elles le noble instinct des sentimens élevés? Une femme perd de son charme, non-seulement par les paroles sans délicatesse qu'elle pourroit se permettre, mais par ce qu'elle entend, par ce qu'on ose dire devant elle. Au sein de sa famille, la modestie et la simplicité suffisent pour maintenir les égards qu'une femme doit exiger; mais au milieu du monde, il faut plus encore; l'élégance de son langage, la noblesse de ses manières, font partie de sa dignité même, et commandent seules efficacement le respect.

Sous la monarchie, l'esprit chevaleresque, la pompe des rangs, la magnificence de la fortune, tout ce qui frappe l'imagination, suppléoient, à quelques égards, au véritable mérite; mais, dans une république, les femmes ne sont plus rien, si elles n'en imposent pas par tout ce qui peut caractériser leur élévation naturelle. Dès qu'on écarte une illusion, il faut y substituer une qualité réelle; dès qu'on détruit un ancien préjugé, l'on a besoin d'une nouvelle vertu: loin que la république doive donner plus de liberté dans les rapports habituels de la société, comme toutes les distinctions sont uniquement fondées sur les qualités personnelles, il faut se préserver avec bien plus de scrupule de tous les genres de fautes. Si l'on porte la moindre atteinte à sa réputation, on ne peut plus, comme dans la monarchie, relever son existence par son rang, par sa naissance, par tous les avantages étrangers à sa propre valeur.

Ce que j'ai dit pour les femmes peut s'appliquer presque également aux hommes qui jouent un rôle éclatant. Il leur sera nécessaire de veiller sur leur considération bien plus attentivement que dans un temps où les dignités aristocratiques suffisoient pour garantir à ceux qui en étoient revêtus, les égards et les respects de la multitude. Ces existences d'opinion, qui chaque jour, dans la république, seront attaquées ou défendues, doivent donner une grande importance à tout ce qui peut agir sur l'esprit ou l'imagination des hommes.

Si des faveurs de l'opinion nous passons au maintien du pouvoir légal, nous verrons que l'autorité est en elle-même un poids que les gouvernés ont peine à supporter; les esprits qui ne sont pas créés pour la servitude, éprouvent d'abord une sorte de prévention contre la puissance. Si les formes grossières de celui qui commande aigrissent cette prévention, elle devient une véritable haine. Tout homme de goût et d'une certaine élévation d'ame, doit avoir le besoin de demander presque pardon du pouvoir qu'il possède. L'autorité politique est l'inconvénient nécessaire d'un très-grand bien, de l'ordre et de la sécurité; mais le dépositaire de cette autorité doit toujours s'en justifier, en quelque sorte, par ses manières comme par ses actions.

Nous avons vu souvent, dans le cours de

ces dix années, les hommes éclairés gouvernés par les hommes ignorans : l'arrogance de leur ton, la vulgarité de leurs formes, révoltoient plus encore que les bornes de leur esprit. Les opinions républicaines se confondoient dans quelques têtes avec les paroles rudes et les plaisanteries rebutantes de quelques républicains, et les affections non raisonnées s'éloignoient naturellement de la république.

Les manières rapprochent ou séparent les hommes par une force plus invincible que celle des opinions, j'oserai presque dire que celle des sentimens. Avec une certaine libéralité d'esprit, l'on peut vivre agréablement au milieu d'une société qui appartient à un parti différent du sien. Il se peut même que l'on oublie des torts graves, des craintes inspirées peut-être à juste titre par l'immoralité d'un homme, si la noblesse de son langage fait illusion sur la pureté de son ame. Mais ce qu'il est impossible de supporter, c'est une éducation grossière que trahit chaque expression, chaque geste, le ton de la voix, l'attitude du corps, tous les signes involontaires des habitudes de la vie.

Je ne parle pas ici de l'estime réfléchie, mais de cette impression involontaire qui se renouvelle à tous les instans. L'on se reconnoît, dans les grandes circonstances, aux sentimens du cœur; mais dans les rapports détaillés de la société, on ne s'entend que par les manières; et la vulgarité, portée à un certain degré, fait éprouver à celui qui en est le témoin ou l'objet, un sentiment d'embarras, de honte même, tout-à-fait insupportable.

Heureusement on n'est presque jamais appelé dans la vie, à supporter la vulgarité des manières en faveur de l'élévation des sentimens. Une probité sévère inspire une confiance si noble, un calme si pur, qu'il est bien rare qu'elle ne fasse pas deviner, dans quelque état que l'on soit, tout ce qu'une bonne éducation auroit appris. La grossièreté, dont nous avons été si souvent les victimes, se composoit presque toujours de sentimens vicieux; c'étoient l'audace, la cruauté, l'insolence, qui se montroient sous les formes les plus odieuses.

Les convenances sont l'image de la morale; elles la supposent dans toutes les circonstances qui ne donnent pas encore l'occasion de la prouver; elles entretiennent les hommes dans l'habitude de respecter l'opinion des hommes. Si les chefs de l'Etat blessent ou méprisent les convenances, ils n'inspireront plus eux-mêmes la considération dont ils ont dispersé tous les élémens.

Un autre genre d'impolitesse peut caractériser encore les hommes en pouvoir : ce n'est pas la grossièreté, c'est, si je puis m'exprimer ainsi, la fatuité politique, l'importance qu'on met à sa place, l'effet que cette place produit sur soi-même, et qu'on veut faire partager aux autres; on a dû nécessairement en voir beaucoup d'exemples depuis la révolution. L'on n'appeloit aux grandes places, dans l'ancien régime, que les individus accoutumés, dès leur enfance, aux priviléges et aux avantages d'un rang supérieur; le pouvoir ne changeoit presque rien à leurs habitudes : mais dans la révolution, des magistratures éminentes ont été remplies par des hommes d'un état inférieur, et dont le caractère n'étoit pas naturellement élevé : humbles alors sur leur mérite personnel, et vains de leur pouvoir, ils se sont crus obligés d'adopter de nouvelles manières, parce qu'ils occupoient un nouvel emploi. Cet effet de la vanité est le plus contraire de tous à l'affection et au respect que doivent inspirer des magistrats républicains. L'affection et le respect s'attachent au caractère individuel, et l'homme qui se croit un autre lorsqu'il a été nommé à une grande place, vous indique lui-même que, s'il la perd, votre intérêt et votre considération doivent passer à son successeur.

Comment l'homme peut-il se faire mieux connoître à l'homme que par cette dignité de manières, cette simplicité d'expressions, qui, transportées sur le théâtre ou racontées dans l'histoire, inspirent presque autant d'enthousiasme que les grandes actions ? Je dirai plus, une suite de hasards peuvent conduire un homme à se faire remarquer par quelques faits illustres, sans qu'il soit doué cependant ou d'un génie supérieur, d'un caractère héroïque ; mais il est impossible que les paroles, les accens, les formes qu'on emploie envers ceux qui nous environnent, ne caractérisent pas la vraie grandeur de la seule manière inimitable.

Quelques-uns ont pensé qu'il falloit substituer à l'accueil jadis bienveillant des Français la froideur et la dignité. Sans doute les premiers citoyens d'un Etat libre doivent avoir, dans le maintien, plus de gravité que les flatteurs d'un monarque ; mais l'exagération de la froideur seroit un moyen d'arrêter l'essor de tous les mouvemens généreux. L'homme froid dans ses manières en impose nécessairement, parce qu'il vous donne l'idée qu'il n'attache aucune importance à vous. Mais ce sentiment pénible qu'il vous inspire ne produit rien d'utile ni rien de fécond. Ce n'est pas l'insolence familière, c'est la bonté, c'est l'élévation de l'ame, c'est la supériorité véritable que cette froideur met à la gêne. Les manières ne sont parfaites que lorsqu'elles encouragent tout ce que chaque homme a de distingué, et n'intimident que les défauts.

Il ne faut pas se tromper sur les signes extérieurs du respect : étouffer de nobles sentimens, tarir la source des pensées, c'est produire l'effet de la crainte ; mais élever les ames jusqu'à soi, donner à l'esprit toute sa valeur, faire naître cette confiance qu'éprouvent les uns pour les autres tous les caractères généreux, tel est l'art d'inspirer un respect durable.

Il importe de créer en France des liens qui puissent rapprocher les partis, et l'urbanité des mœurs est un moyen efficace pour arriver à ce but. Elle rallieroit tous les hommes éclairés ; et cette classe réunie formeroit un tribunal d'opinion qui distribueroit avec quelque justice le blâme ou la louange.

Ce tribunal exerceroit aussi son influence sur la littérature ; les écrivains sauroient où retrouver un goût, un esprit national, et pourroient travailler à le peindre et à l'agrandir. Mais de toutes les confusions, la plus funeste est celle qui mêle ensemble toutes les éducations, et ne sépare que les partis.

Qu'importe de se ressembler par les opinions politiques, si l'on diffère par l'esprit et les sentimens ? Quel misérable effet des troubles civils, que d'attacher plus d'importance à telle manière de voir en affaires publiques, qu'à tous ces rapports de l'ame et de la pensée, seule fraternité dont le caractère soit inneffaçable !

L'urbanité des mœurs peut seule adoucir les aspérités de l'esprit de parti ; elle permet de se voir long-temps avant de s'aimer, de se parler long-temps avant qu'on soit d'accord ; et par degrés, cette aversion profonde qu'on ressentoit pour l'homme que l'on n'avoit jamais abordé, cette aversion s'affoiblit par les rapports de conversation, d'égards, de prévenance, qui raniment la sympathie, et font trouver enfin son semblable dans celui qu'on regardoit comme son ennemi.

CHAPITRE III.

De l'Emulation.

Parmi les moyens de perfectionner les productions de l'esprit humain, il faut compter pour beaucoup la nature et la grandeur du but que peuvent se promettre ceux qui se consacrent aux études intellectuelles. La vie paresseuse ou la vie active sont plus dans la nature de l'homme que la méditation ; et pour consacrer toutes les forces de sa pensée à la recherche des vérités philosophiques, il faut que l'émulation soit encouragée par l'espoir de servir son pays et d'influer sur la destinée de ses concitoyens.

Quelques esprits s'alimentent du seul plaisir de découvrir des idées nouvelles ; et dans les sciences exactes sur-tout, il y a beaucoup d'hommes à qui ce plaisir suffit. Mais lorsque l'exercice de la pensée tend à des résultats moraux et politiques, il doit avoir nécessairement pour objet d'agir sur le sort des hommes. Les ouvrages qui appartiennent à la haute littérature ont pour but d'opérer des changemens utiles, de hâter des progrès nécessaires, de modifier enfin les institutions et les loix. Mais dans un pays où la philosophie n'auroit point d'application réelle, où l'éloquence ne pourroit obtenir qu'un succès littéraire, l'une et l'autre, à la fin, sembleroient des études oisives, et leur mobile s'affoibliroit chaque jour.

Je ne nierai certainement pas que la situation de la France, depuis quelques années, ne soit bien plus contraire au développement des talens et de l'esprit que la plupart des époques de l'histoire. Mais je crois qu'en examinant ce qui est particulièrement nécessaire à l'émulation philosophique, on verra pourquoi l'esprit révolutionnaire, pendant qu'il agit, est tout-à-fait décourageant pour la pensée, comment l'ancien régime abaissoit en protégeant, et par quels moyens la république pourroit porter au dernier terme la noble ambition des hommes vers les progrès de la raison.

Il paroît, au premier coup-d'œil, que les troubles civils, en renversant les rangs antiques, doivent donner aux facultés naturelles l'usage et le développement de toutes leurs forces : il en est ainsi, sans doute, dans les commencemens ; mais an bout de très-peu de temps, les factieux conçoivent pour les lumières une haine au moins égale à celle qu'éprouvoient les anciens défenseurs des préjugés. Les esprits violens se servent des hommes éclairés quand ils veulent triompher du pouvoir établi ; mais lorsqu'il s'agit de se maintenir eux-mêmes, ils s'essaient à témoigner un mépris grossier pour la raison ; ils répandent sourdement que les facultés de l'esprit, que les idées philosophiques ne peuvent appartenir qu'aux ames efféminées, et le code féodal reparoît sous des noms nouveaux.

Tous les caractères despotiques, dans quelque sens qu'ils marchent, détestent la pensée ; et si le fanatisme aveugle est l'arme de l'autorité, ce qu'elle doit redouter le plus, c'est l'homme qui conserve la faculté de juger. Les hommes violens ne peuvent s'allier qu'avec les esprits bornés ; eux seuls se soumettent ou se soulèvent à la volonté d'un chef.

Si les mouvemens révolutionnaires se prolongent au-delà du but qu'ils devoient conquérir, le pouvoir descend toujours plus bas parmi les classes ignorantes de la société. Plus les hommes sont médiocres, plus ils mettent de soin à s'assortir ; ils repoussent loin d'eux la raison éclairée, comme quelque chose d'hétérogène avec leur nature, et qui doit être éminemment nuisible à leur empire.

Si un parti veut faire triompher l'injustice, il est impossible qu'il encourage les lumières : un homme peut déshonorer son talent, en le consacrant à défendre ce qui est injuste ; mais si l'on propage l'influence des lumières dans une nation, elles tendent nécessairement à perfectionner la moralité générale.

L'esprit révolutionnaire se trace une route, se fait un langage ; et si l'on vouloit varier par l'éloquence même ces phrases commandées qu'exige l'intérêt du parti, l'on inquiéteroit ses chefs ; ils frémiroient en voyant s'introduire de nouveaux sentimens, de nouvelles pensées, qui serviroient aujourd'hui leur cause, mais qui pourroient s'indiscipliner une fois et se diriger vers un autre but. Il y a des formules de cruauté pour ainsi dire reçues, dont il n'est pas permis, même aux hommes dont on est sûr, de s'écarter jamais.

Les soupçons, les jalousies, les calculs de l'ambition, tout se réunit pour éloigner les esprits supérieurs des luttes révolutionnaires : les hommes violens et médiocres ne se rangent à leur place que quand l'ordre est rétabli : dans le bouleversement de toutes les idées et de tous les sentimens, ils se croient propres à perpétuer ce qui existe, la confusion ; et devenus les maîtres dans les saturnales du talent et de la vertu, ils pèsent sur la pensée captive de tout le poids de leur ignorance et de leur vanité.

Dans les crises des factions populaires, ce qu'on veut éloigner avant tout, c'est l'indépendance du jugement. La parole ne sert qu'à rédiger la colère, à fixer en décrets ses premiers mouvemens. Les furieux appellent aristocratie ce qu'il y a de plus républicain au monde, l'amour des lumières et de la vertu. L'esprit sauvage lutte contre la philosophie, se défie de l'éducation, et se montre plus indulgent pour les vices du cœur que pour les talens de l'esprit.

Si cet état se prolongeoit, l'on ne posséderoit bientôt plus aucun homme distingué dans une autre carrière que celle des armes ; rien ne peut décourager l'ambition des succès militaires ; ils arrivent toujours à leur but, et commandent à l'opinion ce qu'ils attendent d'elle. Mais dans ce libre échange, d'où résulte la gloire des écrivains et des philosophes, les idées naissent, pour ainsi dire, de l'approbation même que les hommes sont disposés à leur accorder.

Le courage peut lutter contre l'ascendant d'une faction dominante ; mais l'inspiration du talent est étouffée par elle. La tyrannie d'un seul ne produiroit pas aussi sûrement un tel effet. La tyrannie d'un parti prenant souvent la forme de l'opinion publique, porte une atteinte bien plus profonde à l'émulation.

Si l'on comparoit le sort des hommes éclairés sous Louis XIV, avec celui que leur préparoit la violence révolutionnaire, tout seroit à l'avantage de la monarchie ; mais quel rapport pourroit-il exister entre la protection d'un roi et l'émulation républicaine, lorsqu'elle prendroit enfin son véritable caractère ?

La force de l'esprit ne se développe toute entière qu'en attaquant la puissance ; c'est par l'opposition que les Anglais se forment aux talens nécessaires pour être ministre. Lorsqu'au contraire les faveurs de l'opinion dépendent aussi des faveurs d'un homme, la pensée ne peut se sentir libre dans aucune de ses conceptions : loin de se consacrer à découvrir la vérité, ses bornes en tout genre lui sont prescrites. Il faut que l'esprit se replie sans cesse sur lui-même. A peine est-il possible, dans les ouvrages d'imagination, dans ce domaine de l'invention que la puissance légale abandonne, à peine est-il possible d'oublier que l'amusement du maître et de ses courtisans est le premier succès qu'il importe d'obtenir.

Dans toutes les langues, la littérature peut avoir des succès pendant quelque temps, sans recourir à la philosophie ; mais quand la fleur des expressions, des images, des tournures poétiques, n'est plus nouvelle ; quand toutes les beautés antiques sont adaptées au génie moderne, on sent le besoin de cette raison progressive qui fait atteindre chaque jour un but utile, et qui présente un terme indéfini. Comment néanmoins pourroit-on écrire philosophiquement dans un pays où les récompenses distribuées par un roi, par un homme, seroient les simulacres de la gloire?

L'existence subalterne qu'on accordoit aux gens de lettres dans la monarchie française, ne leur donnoit aucune autorité dans les questions importantes qui tiennent à la destinée des hommes. Comment pouvoient-ils acquérir quelque dignité dans un tel ordre social, si ce n'est en s'en montrant les adversaires? Et quel misérable mélange n'ont-ils pas fait des flatteries et des vérités, ces philosophes incrédules et soumis, hardis et protégés !

Rousseau s'est affranchi dans ce siècle de la plupart des préjugés et des égards monarchiques. Montesquieu, quoiqu'avec plus de ménagement, sut montrer, quand il le falloit, la hardiesse de la raison. — Mais Voltaire, qui vouloit souvent réunir les faveurs de la cour avec l'indépendance philosophique, fait sentir le contraste et la difficulté d'un tel dessein de la manière la plus frappante.

Encourager les hommes de lettres, c'est les placer au-dessous du pouvoir quelconque qui les récompense; c'est considérer le génie littéraire à part du monde social et des intérêts politiques ; c'est le traiter comme le talent de la musique et de la peinture, d'un art enfin qui ne seroit pas la pensée même, c'est-à-dire, le tout de l'homme.

L'encouragement de la haute littérature, et c'est d'elle uniquement dont je parle dans ce chapitre, son encouragement, c'est la gloire, la gloire de Cicéron, de César même et de Brutus. L'un sauva sa patrie par son éloquence oratoire et ses talens consulaires ; l'autre, dans ses commentaires, écrivit ce qu'il avoit fait; l'autre enfin, par le charme de son style, l'élévation philosophique dont ses lettres portent le caractère, se fit aimer comme un homme rempli de l'humanité la plus douce, malgré l'énergique horreur de l'assassinat qu'il commit.

Ce n'est que dans les états libres qu'on peut réunir le génie de l'action à celui de la pensée. Dans l'ancien régime, on vouloit que les talens littéraires supposassent presque toujours l'absence des talens politiques. L'esprit d'affaires ne peut se faire connoître par des signes certains, avant qu'on ait occupé de grandes places; les hommes médiocres sont intéressés à persuader qu'ils possèdent seuls ce genre d'esprit; et pour se l'attribuer, ils se fondent uniquement sur les qualités qui leur manquent: la chaleur qu'ils n'ont pas, les idées qu'ils ne comprennent pas, les succès qu'ils dédaignent, voilà les garans de leur capacité politique.

On veut, dans les monarchies absolues, qu'une sorte de mystère soit répandu sur les qualités qui rendent propres au gouvernement, afin que l'importante et froide médiocrité puisse écarter un esprit supérieur, et le déclarer incapable de combinaisons beaucoup plus simples que celles dont il s'est toujours occupé.

Dans la langue adoptée par la coalition de certains hommes, connoître le cœur humain, c'est ne se laisser jamais guider dans son aversion ni dans ses choix par l'indignation du vice, ni par l'enthousiasme de la vertu ; posséder la science des affaires, c'est ne jamais faire entrer dans ses décisions aucun motif généreux ou philosophique. La république, discutant en commun un grand nombre de ses intérêts, soumettant tous les choix par l'élection à la volonté générale, la république doit nous affranchir de cette foi aveugle qu'on exigeoit jadis pour les secrets de l'art du gouvernement.

Sans doute il faut de grands talens pour bien administrer ; mais c'est pour écarter le talent qu'on s'attachoit à persuader que les pensées qui servent à former le philosophe profond, le grand écrivain, l'orateur éloquent, n'ont aucun rapport avec les principes qui doivent diriger les chefs des nations. Le chancelier Bacon, le chevalier Temple, Lhopital, &c. étoient des philosophes, des littérateurs, et se sont montrés les premiers des hommes d'état (1). Frédéric II, Marc-Aurèle, la plupart des rois ou des héros qui

---

(1) Le chancelier Bacon s'est rendu coupable de la plus atroce ingratitude ; et sa délicatesse, sous le rapport de l'argent, a été fortement soupçonnée. Mais il

ont répandu leur éclat sur les nations, étoient en même temps des esprits très-éclairés en philosophie. Ce sont leurs lumières et leurs talens dans la carrière civile qui les ont rendus chers à la postérité, et leur ont fait obtenir, pendant leur vie, l'obéissance de l'admiration, cette obéissance qui donne au pouvoir absolu le plus bel attribut des gouvernemens libres, l'assentiment volontaire de l'opinion publique.

Certainement il est peu de carrière plus resserrée, plus étroite que celle de la littérature, si on la considère, comme on le fait quélquefois, à part de toute philosophie, n'ayant pour but que d'amuser les loisirs de la vie, et de remplir le vide de l'esprit. Une telle occupation rend incapable du moindre emploi qui exige des connoissances positives, ou qui force à rendre les idées applicables. Une vanité démesurée est le partage de ces littérateurs médiocres et bornés : leur raison est

---

s'agit ici de ses talens, et non de sa moralité ; distinction que nous n'avons que trop appris à faire depuis dix ans.

faussée par le prix qu'ils attachent à des mots sans idées, à des idées sans résultats; ce sont de tous les hommes les plus occupés d'eux-mêmes, et les plus ignorans de ce qui intéresse les autres. Les lettres doivent souvent prendre un tel caractère, lorsque les hommes qui les cultivent sont éloignés de toutes les affaires sérieuses.

Ce qui dégradoit les lettres, c'étoit leur inutilité; ce qui rendoit les maximes du gouvernement si peu libérales, c'étoit la séparation absolue de la politique et de la philosophie; séparation telle, qu'on étoit jugé incapable de diriger les hommes, dès qu'on avoit consacré ses talens à les instruire et à les éclairer. Il reste encore des traces de cette absurde opinion; mais elles doivent s'effacer chaque jour. La philosophie ne rend impropre qu'à gouverner arbitrairement, despotiquement, et d'une manière méprisante pour l'espèce humaine. Il ne faut pas prétendre, en apportant le vieil esprit des cours dans la république nouvelle, qu'il y ait en administration quelque chose de plus nécessaire que la pensée, de plus sûr que la raison, de plus énergique que la vertu.

L'on est un grand écrivain dans un gouvernement libre, non comme sous l'empire des monarques, pour animer une existence sans but, mais parce qu'il importe de donner à la vérité son expression persuasive, lorsqu'une résolution importante peut dépendre d'une vérité reconnue. On se livre à l'étude de la philosophie, non pour se consoler des préjugés de la naissance qui, dans l'ancien régime, déshéritoient la vie de tout avenir, mais pour se rendre propre aux magistratures d'un pays qui n'accorde la puissance qu'à la raison.

Si le pouvoir militaire dominoit seul dans un Etat, et dédaignoit les lettres et la philosophie, il feroit rétrograder les lumières, à quelque degré d'influence qu'elles fussent parvenues; il s'associeroit quelques vils talens, chargés de commenter la force, quelques hommes qui se diroient penseurs pour s'arroger le droit de prostituer la pensée : mais la raison se changeroit en sophisme, et les esprits deviendroient d'autant plus subtils, que les caractères seroient plus avilis.

L'agitation inséparable d'un gouvernement républicain, met souvent en péril la liberté; et si ses chefs n'offrent pas la double garantie du courage et des lumières, la force ignorante ou l'adresse perfide précipitent tôt ou tard le gouvernement dans le despotisme. Il faut, pour le bonheur du genre humain, que les grands hommes chargés de sa destinée possèdent presqu'également un certain nombre de qualités très-différentes; un seul genre de supériorité ne suffit pas pour captiver les diverses classes d'opinions et d'estime; un seul genre de supériorité ne personnifie point assez, si je puis m'exprimer ainsi, l'idée qu'on aime à se faire d'un homme célèbre.

Si les paroles n'ont pas éloquemment instruit du motif des actions, si les actions n'ont pas consacré la vérité des paroles, la mémoire garde un souvenir isolé des paroles et des actions. Le guerrier sans lumières ou l'orateur sans courage n'enchaîne point votre imagination; il reste toujours en vous des sentimens qu'il n'a pas captivés, et des idées qui le jugent. Les anciens éprouvoient une admiration passionnée pour leurs illustres chefs, dont la grandeur native imprimoit son caractère à des talens divers et à des gloires différentes. Le mélange des qualités supérieures, bien que plaçant plus haut celui qui les possède, établit cependant plus de rapports entre l'homme extraordinaire et les autres hommes. Une faculté quelconque qui seroit en disproportion avec toutes les autres, paroîtroit une bizarrerie de la nature, tandis que la réunion de plusieurs facultés tranquillise la pensée, et attire l'affection. L'être moral d'un grand homme doit présenter cette organisation, cette balance, cette compensation, qui seule donne l'idée, dans les caractères, comme dans les gouvernemens, du repos et de la stabilité.

Mais, dira-t-on, ce qu'on doit craindre avant tout dans une république, c'est l'enthousiasme pour un homme; et loin de desirer cette parfaite réunion que vous croyez presque nécessaire, nous recherchons, au contraire, ces instrumens de succès qui font des discours, des décrets ou des conquêtes, comme on exerceroit une profession exclusive, sans avoir une idée de plus que celles de leur métier.

Rien n'est moins philosophique, c'est-à-dire, rien ne conduiroit moins au bonheur, que ce système jaloux qui voudroit ôter aux nations leur rang dans l'histoire, en nivelant la réputation des hommes. On doit propager de tous ses efforts l'instruction générale ; mais à côté du grand intérêt de l'avancement des lumières, il faut laisser le but de la gloire individuelle. La république doit donner beaucoup plus d'essor que tout autre gouvernement à ce mobile d'émulation ; elle s'enrichit des travaux multipliés qu'il inspire. Un petit nombre d'hommes arrivent au terme : mais tous l'espèrent ; et si la renommée ne couronne que le succès, les essais mêmes ont souvent une obscure utilité.

Il ne faut pas ôter aux grandes ames leur dévotion à la gloire ; il ne faut pas ôter aux peuples le sentiment de l'admiration. De ce sentiment dérivent tous les degrés d'affection entre les magistrats et les gouvernés. Qu'est-ce qu'un jugement appréciateur et calme dans nos nombreuses associations modernes ! Des milliers d'hommes peuvent-ils se décider d'après leurs propres lumières ! N'est-il pas nécessaire qu'une impulsion plus animée se communique à cette multitude qu'il est si difficile de réunir dans une même opinion ? Si vous laissez la nation froide sur l'estime, vous brisez en elle aussi le ressort du mépris ; et si quelques détracteurs libellistes confondent dans leurs écrits l'homme vertueux et le criminel, vous n'aurez point inspiré à tous les citoyens ce mouvement d'un saint amour pour leur bienfaiteur, ce mouvement qui repousse la calomnie comme un sacrilége.

Vous ne pouvez attacher le peuple à l'idée même de la vertu, qu'en la lui faisant comprendre par les actions généreuses et le caractère moral de quelques hommes. On croit assurer davantage l'indépendance d'un peuple, en s'efforçant de l'intéresser uniquement à des principes abstraits ; mais la multitude ne saisit les idées que par les événemens ; elle exerce sa justice par des haines et des affections : il faut la dépraver pour l'empêcher d'aimer ; et c'est par l'estime de ses magistrats qu'elle arrive à l'amour de son gouvernement.

La gloire des grands hommes est le patrimoine d'un pays libre ; après leur mort, le peuple entier en hérite. L'amour de la patrie ne se compose que de souvenirs. Combien n'admire-t-on pas dans l'éloquence antique, les sentimens respectueux que faisoient naître les regrets consacrés aux morts illustres, les hommages rendus à leur mémoire, les exemples offerts en leurs noms à leurs successeurs ! La nature a tout animé; l'homme voudroit-il tout changer en abstraction !

Le principe d'une république où l'égalité politique est consacrée, doit être d'établir les distinctions les plus marquées entre les hommes, selon leurs talens et leurs vertus. Les nations libres doivent avoir dans leurs tribunaux des juges inébranlables, qui rendent la justice à tous, sans aucun mélange d'indignation ou d'enthousiasme. Mais lorsqu'elles ont chargé leurs magistrats de la puissance impassible des loix, elles peuvent se livrer sans danger au libre essor de l'approbation et du blâme ; elles peuvent offrir aux grands hommes le seul prix pour lequel ils veulent se dévouer, l'opinion du temps présent et de l'avenir, l'opinion, seule récompense, seule illusion dont la vertu même n'ait jamais la force de se détacher.

Et César, et Cromwell, pensez-vous, dira-t-on, que l'enthousiasme qu'ils ont inspiré ne soit pas devenu fatal à la liberté de leur patrie ?

L'enthousiasme qu'inspire la gloire des armes, est le seul qui puisse devenir dangereux à la liberté ; mais cet enthousiasme même n'a des suites funestes que dans les pays où diverses causes ont détruit l'admiration méritée par les qualités morales ou les talens civils. C'est parce qu'à Rome, c'est parce qu'en Angleterre, de longs crimes, de longs malheurs avoient dégoûté la nation d'accorder son estime, que la république fut renversée.

Et cependant quelle puissance lutta seule contre César ? Ce ne furent ni les institutions politiques des Romains, ni leur sénat, ni leurs armées ; ce fut la considération d'un seul homme, ce fut le respect qu'on avoit encore pour Caton. Ce respect balança les destinées, et César ne put se croire le maître que quand cet homme n'exista plus.

Caton représentoit sur la terre la puissance de la vertu. Rome l'admiroit, de cette admiration libre qui honore la nation qui l'éprouve, et présente à la tyrannie mille fois plus d'obstacles que la confusion des noms, des actions et des caractères. On voudroit appeler cette confusion une république philosophique ; et ce ne seroit, en effet, que des combats sans victoire, des bouleversemens sans but et des malheurs sans terme.

La réputation, les suffrages constamment attachés aux hommes qui ont honorablement rempli la carrière des affaires publiques, sont l'un des premiers moyens de conserver la liberté ; et ce qui peut contribuer le plus efficacement aux progrès des lumières, c'est de mêler ensemble, comme chez les anciens, la carrière des armes, celle de la législation, et celle de la philosophie. Rien n'anime et ne régularise les méditations intellectuelles, comme l'espoir de les rendre immédiatement utiles à l'espèce humaine. Lorsque la pensée peut être le précurseur de l'action, lorsqu'une réflexion heureuse peut à l'instant se transformer en une institution bienfaisante, quel intérêt l'homme ne prend-il pas au développement de son intelligence ! Il ne craint plus de consumer en lui-même le flambeau de la raison, sans pouvoir jamais porter sa lumière sur la route de la vie active; il n'éprouve plus cette espèce de honte que ressentoit le génie condamné à des occupations spéculatives devant l'homme le plus médiocre, si cet homme, revêtu d'un pouvoir quelconque, pouvoit sécher des larmes, rendre un service utile, faire du bien au moins à quelqu'un sur la terre.

Lorsque la pensée peut contribuer efficacement au bonheur de l'homme, sa mission devient plus noble, son but s'agrandit. Ce n'est plus seulement une rêverie douloureuse, parcourant tous les maux de l'univers, sans pouvoir les soulager, c'est une arme puissante que la nature donne, et dont la liberté doit assurer le triomphe.

Les vainqueurs redoutent les soldats qui ont conquis leur empire avec eux; les prêtres ont peur du fanatisme même d'où dépend tout leur pouvoir; les ambitieux se défient de leurs instrumens : mais les hommes éclairés, parvenus aux premières places de l'état, ne cessent point d'aimer et de propager les lumières. La raison n'a rien à craindre de la raison, et les esprits philosophiques fondent leur force sur leurs pareils.

Après avoir examiné les divers principes de l'émulation parmi les hommes, je crois utile de considérer quelle influence les femmes peuvent avoir sur les lumières. Ce sera l'objet du chapitre suivant.

CHAPITRE IV.

Des Femmes qui cultivent les Lettres.

« Le malheur est comme la montagne noire de
» Bember, aux extrémités du royaume brûlant
» de Lahor. Tant que vous la montez, vous ne
» voyez devant vous que de stériles rochers;
» mais quand vous êtes au sommet, le ciel est sur
» votre tête, et à vos pieds le royaume de Cache-
» mire ».

La Chaumière indienne, par Bernardin
de Saint-Pierre.

L'existence des femmes en société est encore incertaine sous beaucoup de rapports. Le desir de plaire excite leur esprit; la raison leur conseille l'obscurité; et tout est arbitraire dans leurs succès comme dans leurs revers.

Il arrivera, je le crois, une époque quelconque, dans laquelle des législateurs philosophes donneront une attention sérieuse à l'éducation que les femmes doivent recevoir, aux loix civiles qui les protégent, aux devoirs qu'il faut leur imposer, au bonheur qui peut leur être garanti ; mais, dans l'état actuel, elles ne sont, pour la plupart, ni dans l'ordre de la nature, ni dans l'ordre de la société. Ce qui réussit aux unes perd les autres; les qualités leur nuisent quelquefois, quelquefois les défauts leur servent ; tantôt elles sont tout, tantôt elles ne sont rien. Leur destinée ressemble, à quelques égards, à celle des affranchis chez les empereurs; si elles veulent acquérir de l'ascendant, on leur fait un crime d'un pouvoir que les loix ne leur ont pas donné ; si elles restent esclaves, on opprime leur destinée.

Certainement il vaut beaucoup mieux, en général, que les femmes se consacrent uniquement aux vertus domestiques; mais ce qu'il y a de bizarre dans les jugemens des hommes à leur égard, c'est qu'ils leur pardonnent plutôt de manquer à leurs devoirs que d'attirer l'attention par des talens distingués. Ils tolèrent en elles la dégradation du cœur en faveur de la médiocrité de l'esprit ; tandis que l'honnêteté la plus parfaite pourroit à peine obtenir grace pour une supériorité véritable.

Je développerai les diverses causes de cette singularité. Je commence d'abord par examiner quel est le sort des femmes qui cultivent les lettres dans les monarchies, et quel est aussi leur sort dans les républiques. Je m'attache à caractériser les principales différences que ces deux situations politiques doivent produire dans la destinée des femmes qui aspirent à la célébrité littéraire, et je considère ensuite d'une manière générale quel bonheur la gloire peut promettre aux femmes qui veulent y prétendre.

Dans les monarchies, elles ont à craindre le ridicule, et dans les républiques la haine.

Il est dans la nature des choses, que, dans une monarchie où le tact des convenances est si finement saisi, toute action extraordinaire, tout mouvement pour sortir de sa place, paroisse d'abord ridicule. Ce que vous êtes forcé de faire par votre état, par votre position, trouve mille approbateurs; ce que vous inventez sans nécessité, sans obligation, est d'avance jugé sévèrement. La jalousie naturelle à tous les hommes ne s'appaise que si vous pouvez vous excuser, pour ainsi dire, d'un succès par un devoir ; mais si vous ne couvrez pas du prétexte de votre situation et de votre intérêt la gloire même, si l'on vous croit pour unique motif le besoin de vous distinguer, vous importunerez ceux que l'ambition amène sur la même route que vous.

En effet, les hommes peuvent toujours cacher leur amour-propre et le desir qu'ils ont d'être applaudis sous l'apparence ou la réalite de passions plus fortes et plus nobles ; mais quand les femmes écrivent, comme on leur suppose en général pour premier motif le desir de montrer de l'esprit, le public leur accorde difficilement son suffrage. Il sent qu'elles ne peuvent s'en passer, et cette idée fait naître en lui la tentation de le refuser. Dans toutes les situations de la vie, l'on peut remarquer que dès qu'un homme s'apperçoit que vous avez éminemment besoin de lui, presque toujours il se refroidit pour vous. Quand une femme publie un livre, elle se met tellement dans la dépendance de l'opinion, que les dispensateurs de cette opinion lui font sentir durement leur empire.

A ces causes générales, qui agissent presque également dans tous les pays, se joignoient diverses circonstances particulières à la monarchie française. L'esprit de chevalerie qui subsistoit encore s'opposoit, sous quelques rapports, à ce que les hommes mêmes cultivassent trop assidument les lettres. Ce même esprit devoit inspirer plus d'éloignement encore pour les femmes qui s'occupoient trop exclusivement de ce genre d'étude, et détournoient ainsi leurs pensées de leur premier intérêt, les sentimens du cœur. La délicatesse du point d'honneur pouvoit inspirer aux hommes quelque répugnance à se soumettre eux-mêmes à tous les genres de critique que la publicité doit attirer : à plus forte raison pouvoit-il leur déplaire de voir les êtres qu'ils étoient chargés de protéger, leurs femmes, leurs sœurs ou leurs filles, courir les hasards des jugemens du public, ou lui donner seulement le droit de parler d'elles habituellement.

Un grand talent triomphoit de toutes ces

considérations; mais il étoit néanmoins difficile aux femmes de porter noblement la réputation d'auteur, de la concilier avec l'indépendance d'un rang élevé, et de ne perdre rien, par cette réputation, de la dignité, de la grace, de l'aisance et du naturel qui devoient caractériser leur ton et leurs manières habituelles.

On permettoit bien aux femmes de sacrifier les occupations de leur intérieur au goût du monde et de ses amusemens; mais on accusoit de pédantisme toute étude sérieuse; et si l'on ne s'élevoit pas, dès les premiers pas, au-dessus des plaisanteries qui assailloient de toutes parts, ces plaisanteries parvenoient à décourager le talent, à tarir la source même de la confiance et de l'exaltation.

Une partie de ces inconvéniens ne peut se retrouver dans les républiques, et surtout dans une république qui auroit pour but l'avancement des lumières. Peut-être seroit-il naturel que, dans un tel état, la littérature proprement dite devînt le partage des femmes, et que les hommes se consacrassent uniquement à la haute philosophie.

On a dirigé l'éducation des femmes, dans tous les pays libres, selon l'esprit de la constitution qui y étoit établie. A Sparte, on les accoutumoit aux exercices de la guerre ; à Rome, on exigeoit d'elles des vertus austères et patriotiques. Si l'on vouloit que le principal mobile de la république française fût l'émulation des lumières et de la philosophie, il seroit très-raisonnable d'encourager les femmes à cultiver leur esprit, afin que les hommes pussent s'entretenir avec elles des idées qui captiveroient leur intérêt.

Néanmoins, depuis la révolution, les hommes ont pensé qu'il étoit politiquement et moralement utile de réduire les femmes à la plus absurde médiocrité; ils ne leur ont adressé qu'un misérable langage sans délicatesse comme sans esprit ; elles n'ont plus eu de motifs pour développer leur raison : les mœurs n'en sont pas devenues meilleures. En bornant l'étendue des idées, on n'a pu rendre la simplicité des premiers âges ; il en est seulement résulté que moins d'esprit a conduit à moins de délicatesse, à moins de respect pour l'estime publique, à moins de moyens de supporter la solitude. Il est arrivé ce qui s'applique à tout dans la disposition actuelle des esprits : on croit toujours que ce sont les lumières qui font le mal, et l'on veut le réparer en faisant rétrograder la raison. Le mal des lumières ne peut se corriger qu'en acquérant plus de lumières encore. Ou la morale seroit une idée fausse, ou il est vrai que plus on s'éclaire, plus on s'y attache.

Si les Français pouvoient donner à leurs femmes toutes les vertus des Anglaises, leurs mœurs retirées, leur goût pour la solitude, ils feroient très-bien de préférer de telles qualités à tous les dons d'un esprit éclatant ; mais ce qu'ils pourroient obtenir de leurs femmes, ce seroit de ne rien lire, de ne rien savoir, de n'avoir jamais dans la conversation ni une idée intéressante, ni une expression heureuse, ni un langage relevé ; loin que cette bienheureuse ignorance les fixât dans leur intérieur, leurs enfans leur deviendroient moins chers lorsqu'elles seroient hors d'état de diriger leur éducation.

Le monde leur deviendroit à-la-fois plus nécessaire et plus dangereux ; car on ne pourroit jamais leur parler que d'amour, et cet amour n'auroit pas même la délicatesse qui peut tenir lieu de moralité.

Plusieurs avantages d'une grande importance pour la morale et le bonheur d'un pays, se trouveroient perdus si l'on parvenoit à rendre les femmes tout-à-fait insipides ou frivoles. Elles auroient beaucoup moins de moyens pour adoucir les passions furieuses des hommes ; elles n'auroient plus, comme autrefois, un utile ascendant sur l'opinion : ce sont elles qui l'animoient dans tout ce qui tient à l'humanité, à la générosité, à la délicatesse. Il n'y a que ces êtres en-dehors des intérêts politiques et de la carrière de l'ambition, qui versent le mépris sur toutes les actions basses, signalent l'ingratitude, et savent honorer la disgrace quand de nobles sentimens l'ont causée. S'il n'existoit plus en France des femmes assez éclairées pour que leur jugement pût compter, assez nobles dans leurs manières pour inspirer un respect véritable, l'opinion de la société n'auroit plus aucun pouvoir sur les actions des hommes.

Je crois fermement que dans l'ancien régime, où l'opinion exerçoit un si salutaire empire, cet empire étoit l'ouvrage des femmes distinguées par leur esprit et leur caractère : on citoit souvent leur éloquence quand un dessein généreux les inspiroit, quand elles avoient à défendre la cause du malheur, quand l'expression d'un sentiment exigeoit du courage et déplaisoit au pouvoir.

Durant le cours de la révolution, ce sont ces mêmes femmes qui ont encore donné le plus de preuves de dévouement et d'énergie.

Jamais les hommes, en France, ne peuvent être assez républicains pour se passer entièrement de l'indépendance et de la fierté naturelle aux femmes. Elles avoient sans doute, dans l'ancien régime, trop d'influence sur les affaires : mais elles ne sont pas moins dangereuses lorsqu'elles sont dépourvues de lumières, et par conséquent de raison ; leur ascendant se porte alors sur des goûts de fortune immodérés, sur des choix sans discernement, sur des recommandations sans délicatesse; elles avilissent ceux qu'elles aiment au lieu de les exalter. L'état y gagne-t-il ? Le danger très-rare de rencontrer une femme dont la supériorité soit en disproportion avec la destinée de son sexe, doit-il priver la république de la célébrité dont jouissoit la France par l'art de plaire et de vivre en société ? Or, sans les femmes, la société ne peut être ni agréable ni piquante ; et les femmes privées d'esprit, ou de cette grace de conversation qui suppose l'éducation la plus distinguée, les femmes gâtent la société au lieu de l'embellir ; elles y introduisent une sorte de niaiserie dans les discours et de médisance de cotterie, une insipide gaîté qui doit finir par éloigner tous les hommes vraiment supérieurs, et réduiroit les réunions brillantes de Paris aux jeunes gens qui n'ont rien à faire et aux jeunes femmes qui n'ont rien à dire.

On peut découvrir des inconvéniens à tout dans les affaires humaines. Il y en a sans doute à la supériorité des femmes, à celle même des hommes, à l'amour-propre des gens d'esprit, à l'ambition des héros, à l'imprudence des ames grandes, à l'irritabilité des caractères indépendans, à l'impétuosité du courage, etc. Faudroit-il pour cela combattre de tous ses efforts les qualités naturelles, et diriger toutes les institutions vers l'abaissement des facultés ? A peine est-il certain que cet abaissement favorisât les autorités de famille ou celle des gouvernemens. Les femmes sans esprit de conversation ou de littérature, ont ordinairement plus d'art pour échapper à leurs devoirs; et les nations sans lumières ne savent pas être libres, mais changent très-souvent de maîtres.

Éclairer, instruire, perfectionner les femmes comme les hommes, les nations comme les individus, c'est encore le meilleur secret pour tous les buts raisonnables, pour toutes les relations sociales et politiques auxquelles on veut assurer un fondement durable.

L'on ne pourroit craindre l'esprit des femmes que par une inquiétude délicate sur leur bonheur. Il est possible qu'en développant leur raison, on les éclaire sur les malheurs souvent attachés à leur destinée; mais les mêmes raisonnemens s'appliqueroient à l'effet des lumières en général sur le bonheur du genre humain, et cette question me paroît décidée.

Si la situation des femmes est très-imparfaite dans l'ordre civil, c'est à l'amélioration de leur sort, et non à la dégradation de leur esprit, qu'il faut travailler. Il est utile aux lumières et au bonheur de la société que les femmes développent avec soin leur esprit et leur raison. Une seule chance véritablement malheureuse pourroit résulter de l'éducation cultivée qu'on doit leur donner : ce seroit si quelques-unes d'entr'elles acquéroient des facultés assez distinguées pour éprouver le besoin de la gloire ; mais ce hasard même ne porteroit aucun préjudice à la société, et ne seroit funeste qu'au très-petit nombre de femmes que la nature dévoueroit au tourment d'une importune supériorité.

S'il existoit une femme séduite par la célébrité de l'esprit, et qui voulût chercher à l'obtenir, combien il seroit aisé de l'en détourner s'il en étoit temps encore ! On lui montreroit à quelle affreuse destinée elle seroit prête à se condamner. Examinez l'ordre social, lui diroit-on, et vous verrez bientôt qu'il est tout entier armé contre une femme qui veut s'élever à la hauteur de la réputation des hommes.

Dès qu'une femme est signalée comme une personne distinguée, le public en général est prévenu contre elle. Le vulgaire ne juge jamais que d'après certaines règles communes, auxquelles on peut se tenir sans s'aventurer. Tout ce qui sort de ce cours habituel, déplaît d'abord à ceux qui considèrent la routine de la vie comme la sauvegarde de la médiocrité. Un homme supérieur déjà les effarouche ; mais une femme supérieure, s'éloignant encore plus du chemin frayé, doit étonner, et par conséquent importuner davantage. Néanmoins un homme distingué ayant presque toujours une carrière importante à parcourir, ses talens peuvent devenir utiles aux intérêts de ceux mêmes qui attachent le moins de prix aux charmes de la pensée. L'homme de génie peut devenir un homme puissant, et sous ce rapport, les envieux et les sots le ménagent ; mais une femme spirituelle n'est appelée à leur offrir que ce qui les intéresse le moins, des idées nouvelles ou des sentimens élevés : sa célébrité n'est qu'un bruit fatigant pour eux.

La gloire même peut être reprochée à une femme, parce qu'il y a contraste entre la gloire et sa destinée naturelle. L'austère vertu condamne jusqu'à la célébrité de ce qui est bien en soi, comme portant une sorte d'atteinte à la perfection de la modestie. Les hommes d'esprit, étonnés de rencontrer des rivaux parmi les femmes, ne savent les juger, ni avec la générosité d'un adversaire, ni avec l'indulgence d'un protecteur; et dans ce combat nouveau, ils ne suivent ni les loix de l'honneur, ni celles de la bonté.

Si, pour comble de malheur, c'étoit au milieu des dissentions politiques qu'une femme acquît une célébrité remarquable, on croiroit son influence sans bornes alors même qu'elle n'en exerceroit aucune ; on l'accuseroit de toutes les actions de ses amis; on la haïroit pour tout ce qu'elle aime, et l'on attaqueroit d'abord l'objet sans défense avant d'arriver à ceux que l'on pourroit encore redouter.

Rien ne prête davantage aux suppositions vagues que l'incertaine existence d'une femme dont le nom est célèbre et la carrière obscure. Si l'esprit vain de tel homme excite la dérision ; si le caractère vil de tel autre le fait succomber sous le poids du mépris; si l'homme médiocre est repoussé, tous aiment mieux s'en prendre à cette puissance inconnue qu'on appelle une femme. Les anciens se persuadoient que le sort avoit traversé leurs desseins quand ils ne s'accomplissoient pas. L'amour-propre aussi de nos jours veut attribuer ses revers à des causes secrètes, et non à lui-même ; et ce seroit l'empire supposé des femmes célèbres qui pourroit, au besoin, tenir lieu de fatalité.

Les femmes n'ont aucune manière de manifester la vérité ni d'éclairer leur vie. C'est le public qui entend la calomnie; c'est la société intime qui peut seule juger de la vérité. Quels moyens authentiques pourroit avoir une femme de démontrer la fausseté d'imputations mensongères? L'homme calomnié répond par ses actions à l'univers; il peut dire :

Ma vie est un témoin qu'il faut entendre aussi.

Mais ce témoin, quel est-il pour une femme ? quelques vertus privées, quelques services obscurs, quelques sentimens renfermés dans le cercle étroit de sa destinée, quelques écrits qui la feront connoître dans les pays qu'elle n'habite pas, dans les années où elle n'existera plus.

Un homme peut, même dans ses ouvrages, réfuter les calomnies dont il est devenu l'objet : mais pour les femmes, se défendre est un désavantage de plus ; se justifier, un bruit nouveau. Les femmes sentent qu'il y a dans leur nature quelque chose de pur et de délicat, bientôt flétri par les regards mêmes du public : l'esprit, les talens, une ame passionnée, peuvent les faire sortir du nuage qui devroit toujours les environner; mais sans cesse elles le regrettent comme leur véritable asyle.

L'aspect de la malveillance fait trembler les femmes, quelque distinguées qu'elles soient. Courageuses dans le malheur, elles sont timides contre l'inimitié ; la pensée les exalte, mais leur caractère reste foible et sensible. La plupart des femmes auxquelles des facultés supérieures ont inspiré le desir de la renommée, ressemblent à Herminie revêtue des armes du combat: les guerriers voient le casque, la lance, le panache étincelant; ils croient rencontrer la force; ils attaquent avec violence, et dès les premiers coups, ils atteignent au cœur.

Non-seulement les injustices peuvent altérer entièrement le bonheur et le repos d'une femme; mais elles peuvent détacher d'elle jusqu'aux premiers objets des affections de son cœur. Qui sait si l'image offerte par la calomnie ne combat pas quelquefois contre la vérité des souvenirs? Qui sait si les calomniateurs, après avoir déchiré la vie, ne dépouilleront pas jusqu'à la mort des regrets sensibles qui doivent accompagner la mémoire d'une femme aimée?

Dans ce tableau, je n'ai encore parlé que de l'injustice des hommes envers les femmes distinguées: celle des femmes aussi n'est-elle point à craindre? N'excitent-elles pas en secret la malveillance des hommes? Font-elles jamais alliance avec une femme célèbre pour la soutenir, pour la défendre, pour appuyer ses pas chancelans?

Ce n'est pas tout encore: l'opinion semble

dégager les hommes de tous les devoirs envers une femme à laquelle un esprit supérieur seroit reconnu : on peut être ingrat, perfide, méchant envers elle, sans que l'opinion se charge de la venger. *N'est-elle pas une femme extraordinaire ?* Tout est dit alors; on l'abandonne à ses propres forces, on la laisse se débattre avec la douleur. L'intérêt qu'inspire une femme, la puissance qui garantit un homme, tout lui manque souvent à-la-fois : elle promène sa singulière existence, comme les Parias de l'Inde, entre toutes les classes dont elle ne peut être, toutes les classes qui la considèrent comme devant exister par elle seule, objet de la curiosité, peut-être de l'envie, et ne méritant en effet que la pitié.

CHAPITRE V.

Des Ouvrages d'imagination.

Il est facile de signaler les défauts que le bon goût fait toujours une loi d'éviter dans les ouvrages littéraires ; mais il ne l'est pas également d'indiquer quelle est la route que l'imagination doit se tracer à l'avenir pour produire de nouveaux effets. Il est de certains moyens de succès en littérature dont la révolution a nécessairement détruit les causes. Commençons par examiner quels sont ces moyens, et nous serons conduits naturellement à quelques apperçus sur les ressources nouvelles qui peuvent encore se découvrir.

Les ouvrages d'imagination agissent sur les hommes de deux manières, en leur présentant des tableaux piquans qui font naître la gaîté, ou en excitant les émotions de l'ame. Les émotions de l'ame ont leur source dans les rapports inhérens à la nature humaine;

la gaîté n'est souvent que le résultat des relations diverses, et quelquefois bizarres, établies dans la société. Les émotions de l'ame ont donc une cause durable qui subit peu de changemens par les événemens politiques, tandis qu'à plusieurs égards la gaîté est dépendante des circonstances.

Plus vous simplifiez les institutions, plus vous effacez les contrastes dont l'esprit philosophique sait faire ressortir des oppositions frappantes. Voltaire est de tous les écrivains celui dont les ouvrages servent le mieux à démontrer combien un ordre politique raisonnable ôteroit de ressources à la plaisanterie. Voltaire met sans cesse en opposition ce qui devroit être et ce qui étoit, la pédanterie des formes et la frivolité des esprits, l'austérité des dogmes religieux et les mœurs faciles de ceux qui les enseignoient, l'ignorance des grands et leur pouvoir. Enfin la plupart de ses écrits supposent des institutions toujours contraires à la raison; et des institutions assez puissantes pour donner à la plaisanterie qui les attaque le mérite de la hardiesse. Si telle religion n'étoit pas en autorité dans un pays, il ne seroit pas plus piquant de s'en moquer, qu'il ne le seroit en Europe de tourner en ridicule les cérémonies des Brames. Il en est de même du préjugé de la naissance, et des abus révoltans qu'il peut entraîner. Les habitans d'un pays dans lequel ces abus n'existeroient pas, accorderoient à peine un léger sourire aux dérisions qui auroient ces préjugés pour objet.

Les Américains sentiroient bien foiblement le mérite d'une situation comique, qui feroit allusion à des institutions tout-à-fait étrangères à leur gouvernement; ils écouteroient peut-être encore ce qu'on en peut dire à cause de leurs rapports avec l'Europe; mais jamais leurs écrivains ne penseroient à s'exercer sur un tel sujet. Toutes les plaisanteries qui portent sur les institutions civiles et politiques contraires à la raison naturelle, perdent leur effet dès qu'elles atteignent leur but, la réformation de l'ordre social.

Les Grecs se moquoient de leurs magistrats, mais non pas de leurs institutions. Leur religion poétique enchaînoit leur imagination; ils étoient toujours gouvernés, ou par une autorité de leur choix, ou par un tyran qui les asservissoit entièrement. Ils n'ont jamais été, comme les Français, dans cette sorte de situation intermédiaire, la plus féconde de toutes en contrastes spirituels.

La nation française prenoit ses propres souffrances pour l'objet de ses plaisanteries, couvroit de ridicule par son esprit ce qu'elle encensoit par ses formes, affectoit de se montrer étrangère à ses intérêts les plus importans, et consentoit à tolérer le despotisme, pourvu qu'elle pût se moquer d'elle-même comme l'ayant supporté.

Les philosophes grecs ne se sont point mis, comme les philosophes des pays monarchiques, en opposition avec les institutions de leur pays; ils n'avoient pas l'idée de ces droits d'héritage qui fondent la plupart des pouvoirs chez les nations modernes depuis l'invasion des peuples du nord. L'autorité des magistrats, en Grèce, devoit sa force à l'assentiment de la nation même. Rien n'auroit donc paru plus singulier que de chercher à rendre ridicule un ordre politique entièrement dépendant de la volonté générale. D'ailleurs les peuples libres mettent trop d'importance aux institutions qui les gouvernent, pour les livrer au hasard d'une insouciante moquerie.

Si la constitution de France est libre, et si ses institutions sont philosophiques, les plaisanteries sur le gouvernement n'ayant plus d'utilité, n'auront plus d'intérêt. Celles mêmes qui ont pour but, comme dans Candide, de se moquer de l'espèce humaine, ne conviennent point sous plusieurs rapports dans un gouvernement républicain.

Quand le despotisme existe, il faut consoler les esclaves, en flétrissant à leurs yeux le sort de tous les hommes; mais l'exaltation nécessaire à la liberté républicaine doit inspirer de l'éloignement pour tout ce qui peut tendre à dégrader la nature humaine. Dégoûter de la vie, ce n'est point fortifier le courage. Ce qu'il importe, c'est de placer au-dessus d'elle les jouissances de la vertu, et de donner à tous les sentimens de l'ame une grande valeur, pour relever d'autant plus le sentiment suprême, l'amour du bien et des hommes.

Le secret de la plaisanterie est, en général, de rabattre tous les genres d'essor, de porter des coups de bas en haut, et de déjouer la passion par le sang froid. Ce secret sert puissamment contre l'orgueil et les préjugés; mais il faut que la liberté, il faut que la vertu patriotique se soutienne par un intérêt très-actif pour le bonheur et la gloire de la nation; et vous flétrissez la vivacité de ce sentiment, si vous inspirez aux hommes distingués cette sorte d'appréciation dédaigneuse de toutes les choses humaines, qui porte à l'indifférence pour le bien comme pour le mal.

Lorsque la société marche dans la route de la raison, c'est le découragement surtout qu'il faut éviter; et ces plaisanteries qui, après avoir utilement détruit la force des préjugés, ne pourroient plus agir que sur la puissance des sentimens vrais, ces plaisanteries attaqueroient le principe d'existence morale qui doit soutenir les individus et les hommes. Ainsi donc Candide et les écrits de ce genre qui se jouent, par une philosophie moqueuse, de l'importance attachée aux intérêts mêmes les plus nobles de la vie, de tels écrits sont nuisibles dans une république, où l'on a besoin d'estimer ses pareils, de croire au bien qu'on peut faire, et de s'animer aux sacrifices de tous les jours par la religion de l'espérance.

Il existe sans doute, dans les ouvrages d'esprit, un autre genre de gaîté que celle qui tient presque uniquement à des plaisanteries sur l'ordre social ou sur la destinée humaine; c'est l'observation juste et fine des passions et des caractères. Le génie de Molière est le plus sublime modèle de ce talent supérieur. Voltaire n'a pu produire en ce genre aucun effet théâtral, quelque piquante que soit la tournure habituelle de son esprit. Il reste donc à examiner quels sont les sujets de comédie qui peuvent le mieux réussir dans un état libre.

Il y a deux sortes de ridicules très-distincts parmi les hommes, ceux qui tiennent à la nature même, et ceux qui se diversifient selon les différentes modifications de la société. Les ridicules de ce dernier genre doivent être en beaucoup moins grand nombre dans les pays où l'égalité politique est établie; les relations sociales se rapprochant davantage des rapports naturels, les convenances sont plus d'accord avec la raison. On pouvoit être un homme de beaucoup de mérite dans l'ancien régime, et cependant se rendre ridicule par une ignorance absolue des usages. Les véritables convenances, dans un Etat libre, ne peuvent être blessées que par les défauts réels de l'esprit ou du caractère.

Souvent il falloit, sous la monarchie, savoir concilier sa dignité et son intérêt, l'extérieur du courage et le calcul secret de la flatterie, l'air de l'insouciance et la persistance de l'intérêt personnel, la réalité de la servitude et l'affectation de l'indépendance. Toutes ces difficultés à vaincre pouvoient rendre très-aisément ridicule celui qui ne connoissoit pas l'art de les éviter. Plus de simplicité dans les manières et dans les situations fourniroit aux écrivains, sous la république, beaucoup moins de scènes de comédies.

Parmi les pièces de Molière, il en est qui se fondent uniquement sur des préjugés établis, telles que le Bourgeois Gentilhomme, George Dandin, &c. mais il en est aussi, telles que l'Avare, le Tartuffe, &c. qui peignent l'homme de tous les pays et de tous les temps; et celles-là pourroient convenir à un gouvernement libre, si ce n'est dans chaque détail, au moins par l'ensemble.

Le comique qui porte sur les vices du cœur humain est plus frappant, mais plus amer que celui qui retrace de simples ridicules ou de bizarres institutions. On éprouve un sentiment confus de tristesse dans les scènes les plus comiques du Tartuffe, parce qu'elles rappellent la méchanceté naturelle à l'homme; mais quand les plaisanteries se portent sur les travers qui résultent de certains préjugés, ou sur ces préjugés eux-mêmes, l'espoir que vous conservez toujours de les corriger, répand une gaîté plus douce sur l'impression causée par le ridicule. L'on ne peut avoir ni le talent, ni l'occasion de ce genre de gaîté légère dans un gouvernement fondé sur la raison, et les esprits doivent plutôt se tourner vers la haute comédie, le plus philosophique de tous les ouvrages d'imagination, et celui qui suppose l'étude la plus approfondie du cœur humain. La république peut exciter une émulation nouvelle dans cette carrière.

Ce qu'on se plaît à tourner en dérision, sous une monarchie, ce sont les manières qui font disparate avec les usages reçus ; ce qui doit être l'objet, dans une république, des traits de la moquerie, ce sont les vices de l'ame qui nuisent au bien général. Je vais rappeler un exemple remarquable des sujets nouveaux que peut traiter la comédie, et du nouveau but qu'elle doit se proposer.

Dans le Misanthrope, c'est Philinte qui est l'homme raisonnable, et c'est d'Alceste que l'on rit. Un auteur moderne, développant ces deux caractères dans la suite de leur vie, nous a fait voir Alceste généreux et dévoué dans l'amitié, et Philinte avide en secret et tyranniquement égoïste. L'auteur a saisi, je crois, dans sa pièce, le point de vue sous lequel il faut présenter désormais la comédie : ce sont les vices pour ainsi dire négatifs, ceux qui se composent de la privation des qualités, qu'il faut maintenant attaquer au théâtre. Il faut signaler de certaines formes derrière lesquelles tant d'hommes se retirent pour être personnels en paix, ou perfides avec décence. L'esprit républicain exige des vertus positives, des vertus connues. Beaucoup d'hommes vicieux n'ont d'autre ambition que d'échapper au ridicule ; il faut leur apprendre, il faut avoir le talent de leur prouver que le succès du vice prête plus à la moquerie que la mal-adresse de la vertu.

Depuis quelque temps, on appelle un caractère décidé celui qui marche à son intérêt au mépris de tous ses devoirs ; un homme spirituel, celui qui trahit successivement avec art tous les liens qu'il a formés. On veut donner à la vertu l'air de la duperie, et faire passer le vice pour la grande pensée d'une ame forte; il faut que la comédie s'attache à faire sentir avec talent que l'immoralité du cœur est aussi la preuve des bornes de l'esprit ; il faut qu'elle parvienne à mettre en souffrance l'amour-propre des hommes corrompus, et qu'elle fasse prendre au ridicule une direction nouvelle. On aimoit jadis à peindre la grace de certains défauts, la niaiserie des qualités estimables ; mais ce qui est désirable aujourd'hui, c'est de consacrer l'esprit à tout rétablir dans le sens vrai de la nature, à montrer réunis ensemble le vice et la stupidité, le génie et la vertu.

Quels seront nos contrastes, dira-t-on, et d'où naîtront nos effets ? Il en doit sortir de très-inattendus de ce nouveau genre. On n'a cessé, par exemple, de nous présenter au théâtre la conduite immorale des hommes envers les femmes, avec l'intention de se moquer des femmes trompées. La confiance que peuvent avoir les femmes dans les sentimens qu'elles inspirent, peut être, avec raison, l'objet de la raillerie ; mais le talent se montreroit plus fort, le sujet seroit pris de plus haut, si c'étoit au trompeur que s'attachât le ridicule, si l'on savoit le faire porter sur l'oppresseur, et non sur la victime. Il est facile d'attaquer sérieusement ce qui est coupable en soi ; mais ce qui est piquant, c'est de jeter habilement sur l'immoralité le vernis de la sottise ; et cela se peut.

Les hommes qui veulent faire recevoir leurs vices et leurs bassesses comme des graces de plus, dont la prétention à l'esprit est telle qu'ils se vanteroient presque à vous-mêmes de vous avoir habilement trahis, s'ils n'espéroient pas que vous le saurez un jour, ces hommes qui veulent cacher leur incapacité par leur scélératesse, se flattant que l'on ne découvrira jamais qu'un esprit si fort contre la morale universelle est si foible dans ses conceptions politiques, ces caractères si indépendans de l'opinion des hommes honnêtes, et si tremblans devant celle des hommes puissans, ces charlatans de vices, ces frondeurs de principes élevés, ces moqueurs des ames sensibles, c'est eux qu'il faut vouer au ridicule qu'ils préparent, les dépouiller comme des êtres misérables, et les abandonner à la risée des enfans. Ce n'est rien que de tourner contre eux la puissance énergique de l'indignation ; il faut savoir leur ôter jusqu'à cette réputation d'adresse et d'insolence sur laquelle ils comptoient, comme compensation de la perte de l'estime.

Dans les pays où les institutions politiques sont raisonnables, le ridicule doit être dirigé dans le même sens que le mépris. Il faut livrer le vice élégant, le vice réservé, le vice habile aux sarcasmes de la moquerie, seul vengeur qui s'introduise au milieu même de la prospérité des méchans, seule arme qui blesse encore celui qui ne connoît plus ni la honte ni les remords.

Ce qui pervertit la moralité en France, c'est le besoin de faire effet d'une manière quelconque, et sur-tout par son esprit. Quand les qualités qu'on possède ne suffisent pas pour atteindre à ce but, l'on a recours au vice pour se faire remarquer; il donne des formes confiantes, une sorte d'assurance et de fermeté, du moins contre le malheur des autres, qui peut faire quelque illusion. La comédie doit combattre cette disposition détestable, en lui faisant manquer son objet. L'indignation attaque le vice comme une puissance. La comédie doit le ranger parmi les foiblesses du plus misérable esprit.

La littérature des pays libres a été, comme je l'ai dit, rarement célèbre en bonnes comédies; la facilité de réussir par des allusions aux circonstances du moment, et le sérieux des grands intérêts politiques, ont également nui tour-à-tour, chez divers peuples, à l'art de la comédie. Mais en France, la puissance de l'amour-propre conserve une telle activité, qu'elle fournira pendant long-temps encore aux combinaisons des comédies. Horace a peint l'homme juste restant debout sur les ruines du monde. Il en est ainsi de l'opinion qu'un Français a de lui-même. Elle survit intacte à toutes les fautes qu'il commet comme à tous les bouleversemens qui l'environnent. Tant que ce trait du caractère national ne sera point effacé parmi nous, les auteurs comiques auront toujours des sujets piquans à traiter, et le ridicule sera toujours une puissance, aux progrès de la philosophie, comme la raison et le sentiment.

La tragédie appartient à des affections toujours les mêmes; et comme elle peint la douleur, la source de ses effets est inépuisable. Néanmoins elle est modifiée, comme toutes les productions de l'esprit humain, par les institutions sociales et les mœurs qui en dépendent.

Les sujets antiques et leurs imitateurs produisent moins d'effets dans la république

que dans la monarchie : les distinctions de rang rendoient encore plus sensibles les peines attachées aux revers du sort, elles mettoient entre l'infortune et le trône un immense intervalle que la pensée ne pouvoit franchir qu'en frémissant. L'ordre social qui, chez les anciens, créoit des esclaves, creusoit encore plus avant l'abîme de la misère, élevoit encore plus haut la fortune, et donnoit à la destinée humaine des proportions vraiment théâtrales. On peut s'intéresser sans doute aux situations dont on n'a pas des exemples analogues dans son propre pays ; mais néanmoins l'esprit philosophique qui doit résulter à la longue des institutions libres et de l'égalité politique, cet esprit diminue tous les jours la puissance des illusions sociales.

La royauté avoit été souvent bannie, souvent détruite par les gouvernemens anciens; mais de nos jours elle a été analysée, et c'est ce qu'il peut y avoir de plus contraire aux effets de l'imagination. La splendeur de la puissance, le respect qu'elle inspire, la pitié qu'on ressent pour ceux qui la perdent quand on leur suppose un droit à la posséder, tous ces sentimens agissent sur l'ame, indépendamment du talent de l'auteur, et leur force s'affoibliroit extrêmement dans l'ordre politique que je suppose. Déjà même l'homme a trop souffert comme homme pour que les dignités, le pouvoir, les circonstances enfin qui sont particulières à quelques destinées seulement, ajoutent beaucoup à l'émotion causée par le malheur.

Il faut cependant éviter de faire de la tragédie un drame; et pour se préserver de ce défaut, on doit chercher à se rendre compte de la différence de ces deux genres. Cette différence ne consiste pas, je le crois, uniquement dans le rang des personnages que l'on représente, mais dans la grandeur des caractères et la force des passions que l'on sait peindre.

Plusieurs tentatives ont été faites pour adapter à la scène française des beautés du génie anglais, des effets du théâtre allemand; et si l'on en excepte un très-petit nombre (1),

---

(1) Ducis, dans quelques scènes de presque toutes ses pièces; Chénier, dans le quatrième acte de

ces essais ont obtenu des succès momentanés, et nulle réputation durable. C'est que l'attendrissement dans les tragédies, comme le rire dans la comédie, n'est qu'une impression passagère. Si vous n'avez pas acquis une idée de plus par la cause même de votre impression, si la tragédie qui vous a fait pleurer ne laisse après elle, ni le souvenir d'une observation morale, ni celui d'une situation nouvelle tirée du mouvement même des passions, l'émotion qu'elle excite en vous est un plaisir plus innocent que le combat des gladiateurs ; mais cette émotion n'agrandit pas davantage la pensée et le sentiment.

Il y a dans un ouvrage allemand une observation qui me paroît parfaitement juste; c'est que les belles tragédies doivent rendre l'ame plus forte après l'avoir déchirée. En effet, la véritable grandeur du caractère,

---

Charles ix; Arnault, dans le cinquième acte des Vénitiens, ont introduit sur la scène française un nouveau genre d'effet très-remarquable, et qui appartient plus au génie des poètes du nord qu'à celui des poètes français.

dans quelque situation douloureuse qu'on la représente, inspire aux spectateurs un mouvement d'admiration qui les rend plus capables de braver l'adversité. Le principe de l'utilité se retrouve dans ce genre comme dans tous les autres. Ce qui est vraiment beau, c'est ce qui rend l'homme meilleur; et sans étudier les règles du goût, si l'on sent qu'une pièce de théâtre agit sur notre propre caractère en le perfectionnant, on est assuré qu'elle contient de véritables traits de génie. Ce ne sont pas des maximes de morale, c'est le développement des caractères et la combinaison des événemens naturels qui produisent un semblable effet au théâtre ; et c'est en prenant cette opinion pour guide, qu'on pourroit juger quelles sont les pièces étrangères dont nous pouvons nous enrichir.

Il ne suffit pas de remuer l'ame ; il faut l'éclairer ; et tous les effets qui frappent seulement les yeux, les tombeaux, les supplices, les ombres, les combats, on ne peut se les permettre, que s'ils servent directement à la peinture philosophique d'un grand caractère ou d'un sentiment profond.

Toutes les affections des hommes pensans tendent vers un but raisonnable. Un écrivain ne mérite de gloire véritable, que lorsqu'il fait servir l'émotion à quelques grandes vérités morales.

Les circonstances de la vie privée suffisent à l'effet du drame, tandis qu'il faut, en général, que les intérêts des nations soient compromis dans un événement, pour qu'il puisse devenir le sujet d'une tragédie. Néanmoins, c'est bien plutôt dans la hauteur des idées et la profondeur des sentimens que dans les souvenirs et les allusions historiques, que l'on doit chercher la dignité tragique.

Vauvenargue a dit *que les grandes pensées venoient du cœur.* La tragédie met en action cette sublime vérité. La pièce de Fénélon est fondée sur un fait qui est entièrement du genre du drame : cependant il suffit du rôle et du souvenir de ce grand homme pour faire de cette pièce une tragédie. Le nom de M. de Malesherbes, sa noble et terrible destinée, seroit le sujet de la tragédie du monde la plus touchante. Une haute vertu, un génie vaste, voilà les dignités nouvelles qui doivent caractériser la tragédie, et plus que tout encore le sentiment du malheur, tel que nous avons appris à l'éprouver.

Il ne me paroît pas douteux que la nature morale est plus énergique dans ses impressions que nos tragiques français, les plus admirables d'ailleurs, ne l'ont encore exprimée. Toutes les splendeurs qui dérivent des rangs suprêmes, introduisent dans les sujets tragiques une sorte de respect qui ne permet pas à l'homme de lutter corps à corps avec l'homme; ce respect doit jeter quelquefois du vague dans la manière de caractériser les mouvemens de l'ame. Les expressions voilées, les sentimens contenus, les convenances ménagées supposent un genre de talent très-remarquable; mais les passions ne peuvent être peintes au milieu de toutes ces difficultés, avec l'énergie déchirante, la pénétration intime que la plus complette indépendance doit inspirer.

Sous un gouvernement républicain, ce qu'il doit y avoir de plus imposant pour la pensée, c'est la vertu, et ce qui frappe le plus l'imagination, c'est le malheur. Je ne sais si la gloire même, seule pompe de la vie que l'esprit philosophique puisse honorer, je ne sais si le tableau de la gloire même remueroit aussi puissamment des spectateurs républicains, que la peinture des émotions qui répondent à tout notre être par leur analogie avec la nature humaine.

L'esprit philosophique qui généralise les idées, et le systême de l'égalité politique, doivent donner un nouveau caractère à nos tragédies. Ce n'est pas une raison pour rejeter les sujets historiques ; mais il faut peindre les grands hommes avec les sentimens qui réveillent pour eux la sympathie de tous les cœurs, et relever les faits obscurs par la dignité du caractère ; il faut ennoblir la nature, au lieu de perfectionner les idées de convention. Ce n'est point l'irrégularité ni l'inconséquence des pièces anglaises et allemandes qu'il faut imiter ; mais ce seroit un genre de beautés nouvelles pour nous, et pour les étrangers eux-mêmes, que de trouver l'art de donner de la dignité aux circonstances communes, et de peindre avec simplicité les grands événemens.

Le théâtre est la vie noble ; mais il doit être la vie ; et si la circonstance la plus vulgaire sert de contraste à de grands effets, il faut employer assez de talens à la faire admettre, pour reculer les bornes de l'art sans choquer le goût. On n'égalera jamais, dans le genre des beautés idéales, nos premiers tragiques. Il faut donc tenter, avec la mesure de la raison, avec la sagesse de l'esprit, de se servir plus souvent des moyens dramatiques qui rappellent aux hommes leurs propres souvenirs ; car rien ne les émeut aussi profondément (1).

La nature de convention, au théâtre, est inséparable de l'aristocratie des rangs dans

---

(1) Le public français accueille difficilement au théâtre les essais dans un genre nouveau ; admirateur, avec raison, des chefs-d'œuvre qu'il possède, il pense qu'on veut faire rétrograder l'art, quand on s'écarte de la route que Racine a tracée. Je ne crois pas impossible cependant de réussir dans une route nouvelle, en sachant ménager avec talent quelques effets non encore risqués sur la scène ; mais pour que cette entreprise ait du succès, il faut qu'elle soit dirigée par le goût le plus sévère. Une connoissance générale des préceptes de la littérature suffit pour ne pas s'éga-

le gouvernement : vous ne pouvez soutenir l'une sans l'autre. L'art dramatique, privé de toutes ces ressources factices, ne peut s'accroître que par la philosophie et la sensibilité : mais, dans ce genre, il n'a point de bornes ; car la douleur est un des plus puissans moyens de développement pour l'esprit humain.

La vie s'écoule, pour ainsi dire, inaperçue des hommes heureux ; mais lorsque l'ame est en souffrance, la pensée se multiplie pour chercher un espoir, ou pour découvrir un motif de regret, pour approfondir le passé, pour deviner l'avenir ; et cette faculté d'observation, qui, dans le

---

rer, en se soumettant aux règles reçues. Mais lorsqu'on veut triompher de la répugnance naturelle aux spectateurs français, pour ce qu'ils appellent le genre anglais ou le genre allemand, l'on doit veiller avec un scrupule extrême sur toutes les nuances que la délicatesse du goût peut réprouver. Il faut être hardi dans la conception, mais prudent dans l'exécution, et suivre à cet égard en littérature un principe qui seroit également vrai en politique : plus l'ensemble du projet est hasardé, plus les précautions de détail doivent être soignées, presque timidement.

calme et le bonheur, se porte presque entièrement sur les objets extérieurs, ne s'exerce dans l'infortune que sur nos propres impressions. L'action infatigable de la peine fait passer et repasser sans cesse dans notre cœur des idées et des sentimens qui tourmentent notre être en dedans de nous-mêmes, comme si chaque instant amenoit un événement nouveau. Quelle inépuisable source de réflexions pour le génie !

Les préceptes de l'art tragique ne mettent pas aux sujets que l'on peut choisir autant d'entraves que les difficultés mêmes attachées à l'exigence de la poésie. Ce qui seroit sensible et vrai dans la langue usuelle, peut être ridicule en vers. La mesure, l'harmonie, la rime, interdisent des expressions qui, dans telle situation donnée, pourroient produire un grand effet. Les véritables convenances du théâtre ne sont que la dignité même de la nature morale ; les convenances poétiques tiennent à l'art des vers en lui-même ; et si elles augmentent souvent l'impression d'un genre de beautés, elles mettent des bornes à la carrière que le génie, observateur du cœur humain, pourroit parcourir.

On ne croiroit pas, dans la réalité, à la douleur d'un homme qui pourroit exprimer en vers ses regrets pour la mort d'un être qu'il auroit beaucoup aimé. Tel degré de passion inspire la poésie ; un degré de plus la repousse. Il y a donc nécessairement une profondeur de peine, un genre de vérité que l'expression poétique affoibliroit, et des situations simples dans la vie que la douleur rend terribles, mais que l'on ne peut soumettre à la rime, et revêtir des images qu'elle exige, sans y porter des idées étrangères à la suite naturelle des sentimens. On ne sauroit nier cependant qu'une tragédie en prose, quelque éloquente qu'elle pût être, n'excitât d'abord beaucoup moins d'admiration que nos chefs-d'œuvre en vers. Le mérite de la difficulté vaincue, et le charme d'un rithme harmonieux, tout sert à relever le double mérite du poète et de l'auteur dramatique. Mais c'est la réunion même de ces deux talens qui a été l'une des principales causes des grandes différences qui existent entre la tragédie française et la tragédie anglaise.

Les personnages obscurs de Shakespear parlent en prose, ses scènes de transition sont en prose; et lors même qu'il se sert de la langue des vers, ces vers n'étant point rimés, n'exigent point, comme en français, une splendeur poétique presque continue. Je ne conseille pas cependant d'essayer en France des tragédies en prose, l'oreille auroit de la peine à s'y accoutumer; mais il faut perfectionner l'art des vers simples, et tellement naturels, qu'ils ne détournent point, même par des beautés poétiques, de l'émotion profonde qui doit absorber toute autre idée. Enfin, pour ouvrir une nouvelle source d'émotions théâtrales, il faudroit trouver un genre intermédiaire entre la nature de convention des poètes français et les défauts de goût des écrivains du nord.

La philosophie s'étend à tous les arts d'imagination, comme à tous les ouvrages de raisonnement; et l'homme, dans ce siècle, n'a plus de curiosité que pour les passions de l'homme. Au-dehors, tout est vu, tout est jugé ; l'être moral, dans ses mouvemens intérieurs, reste seul encore un objet de surprise, peut seul causer une impression forte. La tragédie, toute-puissante sur le cœur humain, ce n'est point celle qui nous retraceroit les idées communes de l'existence vulgaire, ni celle qui nous peindroit des caractères et des situations presqu'aussi loin de la nature que le merveilleux de la féerie : ce seroit celle qui pourroit entretenir l'homme dans les sentimens les plus purs qu'il ait jamais éprouvés, et rappeler l'ame des auditeurs, quels qu'ils soient, au plus noble mouvement de leur vie.

La poésie d'imagination ne fera plus de progrès en France : l'on mettra dans les vers des idées philosophiques, ou des sentimens passionnés ; mais l'esprit humain est arrivé, dans notre siècle, à ce degré qui ne permet plus ni les illusions, ni l'enthousiasme qui crée des tableaux et des fables propres à frapper les esprits. Le génie français n'a jamais été très-remarquable en ce genre ; et maintenant on ne peut ajouter aux effets de la poésie, qu'en exprimant, dans ce beau langage, les pensées nouvelles dont le temps doit nous enrichir.

Si l'on vouloit se servir encore de la mythologie des anciens, ce seroit véritablement retomber dans l'enfance par la vieillesse : le poète peut se permettre toutes les créations d'un esprit en délire ; mais il faut que vous puissiez croire à la vérité de ce qu'il éprouve. Or, la mythologie n'est pour les modernes ni une invention, ni un sentiment. Il faut qu'ils recherchent dans leur mémoire ce que les anciens trouvoient dans leurs impressions habituelles. Ces formes poétiques, empruntées du paganisme, ne sont pour nous que l'imitation de l'imitation ; c'est peindre la nature à travers l'effet qu'elle a produit sur d'autres hommes.

Quand les anciens personnifioient l'amour et la beauté, loin d'affoiblir l'idée qu'on en pouvoit concevoir, ils la rendoient plus sensible, ils l'animoient aux regards des hommes, qui n'avoient encore qu'une idée confuse de leurs propres sensations. Mais les modernes ont observé les mouvemens de l'ame avec une telle pénétration, qu'il leur suffit de savoir les peindre pour être éloquens et passionnés; et s'ils adoptoient les fictions antérieures à cette profonde connoissance de l'homme et de la nature, ils ôteroient à leurs tableaux l'énergie, la nuance et la vérité.

Dans les ouvrages des anciens même, combien ne préfère-t-on pas ce qu'on y trouve d'observations sur le cœur humain, à tout l'éclat des fictions les plus brillantes? L'image de l'Amour prenant les traits d'Ascagne pour enflammer Didon en jouant avec elle, peint-elle aussi bien l'origine d'un sentiment passionné, que les vers si beaux qui nous expriment les affections et les mouvemens que la nature inspire à tous les cœurs?

Tout ce qui environnoit les anciens leur rappelant sans cesse les dieux du paganisme, ils devoient en mêler le souvenir et l'image à toutes leurs impressions; mais quand les modernes imitent à cet égard les anciens, on ne peut ignorer qu'ils puisent dans les livres des ressources pour embellir ce que le sentiment seul suffisoit pour animer. Le travail de l'esprit se fait toujours appercevoir, avec quelque habileté qu'il soit ménagé ; et l'on n'est plus entraîné par ce talent, pour ainsi dire involontaire, qui reçoit une émotion au lieu de la chercher, qui s'abandonne à ses impressions au lieu de choisir ses moyens d'effet. Le véritable objet du style poétique doit être d'exciter, par des images tout-à-la-fois nouvelles et vraies, l'intérêt des hommes pour les idées et les sentimens qu'ils éprouvoient à leur insçu ; la poésie doit suivre, comme tout ce qui tient à la pensée, la marche philosophique du siècle.

Il faut étudier les modèles de l'antiquité pour se pénétrer du goût et du genre simple, mais non pour alimenter sans cesse les ouvrages modernes des idées et des fictions des anciens : l'invention qui se mêle à de semblables réminiscences, est presque toujours en disparate avec elles. A quelque perfection que l'on portât l'étude des ouvrages des anciens, on pourroit les imiter, mais il seroit impossible de créer comme eux dans leur genre. Pour les égaler, il ne faut point s'attacher à suivre leurs traces ; ils ont moissonné dans leurs champs : il vaut mieux défricher le nôtre.

Le petit nombre des idées mythologiques des poètes du Nord sont plus analogues à la poésie française, parce qu'elles s'accordent mieux, comme j'ai tâché de le prouver, avec les idées philosophiques. L'imagination, dans notre siècle, ne peut s'aider d'aucune illusion : elle peut exalter les sentimens vrais ; mais il faut toujours que la raison approuve et comprenne ce que l'enthousiasme fait aimer (1).

Un nouveau genre de poésie existe dans les ouvrages en prose de J. J. Rousseau et de Bernardin de Saint-Pierre ; c'est l'observation de la nature dans ses rapports avec les sentimens qu'elle fait éprouver à l'homme. Les anciens, en personnifiant chaque fleur, chaque rivière, chaque arbre, avoient écarté les sensations simples et directes, pour y substituer des chimères brillantes ; mais la providence a mis une telle relation entre les objets physiques et l'être moral de l'homme, qu'on ne peut rien ajouter à l'étude des uns

---

(1) De Lille, Saint-Lambert et Fontanes, nos meilleurs poètes dans le genre descriptif, se sont déjà très-rapprochés du caractère des poètes anglais.

qui ne serve en même temps à la connoissance de l'autre.

On ne sépare pas dans son souvenir le bruit des vagues, l'obscurité des nuages, les oiseaux épouvantés, et le récit des sentimens qui remplissoient l'ame de Saint-Preux et de Julie, lorsque sur le lac qu'ils traversoient ensemble, *leurs cœurs s'entendirent pour la dernière fois.*

La nature féconde de l'île de France, cette végétation active et multipliée que l'on retrouve sous la ligne, ces tempêtes effrayantes qui succèdent rapidement aux jours les plus calmes, s'unissent dans notre imagination avec le retour de Paul et Virginie revenant ensemble, portés par leur nègre fidèle, pleins de jeunesse, d'espérance et d'amour, et se livrant avec confiance à la vie, dont les orages alloient bientôt les anéantir.

Tout se lie dans la nature, dès qu'on en bannit le merveilleux; et les écrits doivent imiter l'accord et l'ensemble de la nature. La philosophie, en généralisant davantage les idées, donne plus de grandeur aux images poétiques. La connoissance de la logique rend plus capable de faire parler la passion. Une progression constante dans les idées, un but d'utilité doit se faire sentir dans tous les ouvrages d'imagination. On ne veut plus de mérite relatif, on ne met plus d'intérêt même aux difficultés vaincues, lorsqu'elles ne font avancer en rien l'esprit humain. Il faut analyser l'homme, ou le perfectionner. Les romans, la poésie, les pièces dramatiques et tous les écrits qui semblent n'avoir pour objet que d'intéresser, ne peuvent atteindre à cet objet même qu'en remplissant un but philosophique. Les romans qui ne contiendroient que des événemens extraordinaires, seroient bientôt délaissés (1). La poésie qui ne contien-

---

(1) Les romans que l'on nous a donnés depuis quelque temps, dans lesquels on vouloit exciter la terreur, avec de la nuit, des vieux châteaux, de longs corridors et du vent, sont au nombre des productions les plus inutiles, et par conséquent, à la longue, les plus fatigantes de l'esprit humain. Ce sont des espèces de contes de fées, un peu plus monotones que les véritables, parce que les combinaisons en sont moins variées. Mais les romans qui peignent les mœurs et les caractères, vous en apprennent souvent plus sur le cœur humain

droit que des fictions, les vers qui n'auroient que de la grace, fatigueroient les esprits avides avant tout, des découvertes que l'on peut faire dans les mouvemens et dans les caractères des hommes.

Le déchaînement des passions qu'amènent les troubles civils, ne laisse subsister qu'une seule curiosité, celle que font éprouver les écrits qui pénètrent dans les pensées et dans les sentimens de l'homme, ou servent à vous faire connoître la force et la direction de la multitude. On n'est donc curieux que

---

que l'histoire même. On vous dit dans ces sortes d'ouvrages, sous la forme de l'invention, ce qu'on ne vous raconteroit jamais sous celle de l'histoire. Les femmes de nos jours, soit en France, soit en Angleterre, ont excellé dans le genre des romans, parce que les femmes étudient avec soin, et caractérisent avec sagacité les mouvemens de l'ame; d'ailleurs on n'a consacré jusqu'à présent les romans qu'à peindre l'amour, et les femmes seules en connoissent toutes les nuances délicates. Parmi les romans français nouveaux, dont les femmes sont les auteurs, on doit citer Caliste, Claire d'Albe, Adèle de Senanges, et en particulier les ouvrages de madame de Genlis; le tableau des situations et l'observation des sentimens lui méritent une première place parmi les bons écrivains.

des ouvrages qui peignent les caractères, qui les mettent en action de quelque manière, et l'on n'admire que les écrits qui développent dans notre cœur la puissance de l'exaltation.

Le célèbre métaphysicien allemand, Kant, en examinant la cause du plaisir que font éprouver l'éloquence, les beaux arts, tous les chefs-d'œuvre de l'imagination, dit que ce plaisir tient au besoin de reculer les limites de la destinée humaine; ces limites qui resserrent douloureusement notre cœur, une émotion vague, un sentiment élevé les fait oublier pendant quelques instans; l'ame se complaît dans la sensation inexprimable que produit en elle ce qui est noble et beau; et les bornes de la terre disparoissent quand la carrière immense du génie et de la vertu s'ouvre à nos yeux. En effet, l'homme supérieur ou l'homme sensible se soumet avec effort aux loix de la vie, et l'imagination mélancolique rend heureux un moment, en faisant rêver l'infini.

Le dégoût de l'existence, quand il ne porte pas au découragement, quand il laisse subsister une belle inconséquence, l'amour de la gloire, le dégoût de l'existence peut inspirer de grandes beautés de sentimens ; c'est d'une certaine hauteur que tout se contemple ; c'est avec une teinte forte que tout se peint. Chez les anciens, on étoit d'autant meilleur poète, que l'imagination s'enchantoit plus facilement. De nos jours, l'imagination doit être aussi détrompée de l'espérance que la raison : c'est ainsi que cette imagination philosophe peut encore produire de grands effets.

Il faut qu'au milieu de tous les tableaux de la prospérité même, un appel aux réflexions du cœur vous fasse sentir le penseur dans le poète. A l'époque où nous vivons, la mélancolie est la véritable inspiration du talent : qui ne se sent pas atteint par ce sentiment, ne peut prétendre à une grande gloire comme écrivain ; c'est à ce prix qu'elle est achetée.

Enfin, dans le siècle du monde le plus corrompu, en ne considérant les idées de morale que sous leur rapport littéraire, il est vrai de dire qu'on ne peut produire aucun effet très-remarquable par les ouvrages d'imagination, qu'en les dirigeant dans le sens de l'exaltation de la vertu. Nous sommes arrivés à une période qui ressemble, sous quelques rapports, à l'état des esprits au moment de la chute de l'empire romain, et de l'invasion des peuples du nord. Dans cette période, le genre-humain eut besoin de l'enthousiasme et de l'austérité. Plus les mœurs de France sont dépravées maintenant, plus on est près d'être lassé du vice, d'être irrité contre les interminables malheurs attachés à l'immoralité. L'inquiétude qui nous dévore finira par un sentiment vif et décidé, dont les grands écrivains doivent se saisir d'avance. L'époque du retour à la vertu n'est pas éloignée, et déjà l'esprit est avide des sentimens honnêtes, si la raison ne les a pas encore fait triompher.

Pour réussir par les ouvrages d'imagination, il faut peut-être présenter une morale facile au milieu des mœurs sévères; mais au milieu des mœurs corrompues, le tableau d'une morale austère est le seul qu'il faille constamment offrir. Cette maxime générale est encore susceptible d'une application plus particulière à notre siècle.

Tant que l'imagination d'un peuple est

tournée vers les fictions, toutes les idées peuvent se confondre au milieu des créations bizarres de la rêverie; mais quand toute la puissance qui reste à l'imagination consiste dans l'art d'animer, par des sentimens et des tableaux, les vérités morales et philosophiques, que peut-on puiser dans ses vérités qui convienne à l'éxaltation poétique? Une seule pensée sans bornes, un seul enthousiasme que la réflexion ne désavoue pas, l'amour de la vertu, cette inépuisable source, peut féconder tous les arts, toutes les productions de l'esprit, et réunir à-la-fois dans un même sujet, dans un même ouvrage, les délices de l'émotion et l'assentiment de la sagesse.

CHAPITRE VI.

De la Philosophie.

Il ne faut point se lasser de le dire : la philosophie ne doit être considérée que comme la recherche de la vérité par le secours de la raison ; et sous ce rapport, le seul qu'indique le sens primitif de ce mot, la philosophie ne peut avoir pour antagonistes que ceux qui admettent ou des contradictions dans les idées ou des causes surnaturelles dans les faits. L'on pourroit dire avec justesse, qu'il n'existe que deux manières d'appuyer ses raisonnemens sur les objets au-dehors de nous, la philosophie ou les miracles. Or, personne de nos jours ne se flattant d'être éclairé par les miracles, je n'entends pas ce qu'on peut mettre à la place de la philosophie : la raison, dira-t-on ? Mais la philosophie n'est autre chose que la raison généralisée. On a l'art d'exciter une dispute sur deux propositions identiques, et l'on croit avoir deux idées, parce qu'en se servant d'un langage équivoque, on fait paroître les objets doubles. Les idées religieuses ne sont point contraires à la philosophie, puisqu'elles sont d'accord avec la raison; le maintien des principes qui font la base de l'ordre social ne peut être contraire à la philosophie, puisque ces principes sont d'accord avec la raison; mais les défenseurs des préjugés, c'est-à-dire des droits injustes, des doctrines superstitieuses, des priviléges oppressifs, essayent de faire naître une opposition apparente entre la raison et la philosophie, afin de pouvoir soutenir qu'il existe des raisonnemens qui interdisent le raisonnement, des vérités auxquelles il faut croire sans les approfondir, des principes qu'il faut admettre en se gardant de les analyser, enfin une sorte d'exercice de la pensée qui doit servir uniquement à convaincre de l'inutilité de la pensée; je ne concevrai jamais, je l'avoue, par quel procédé de l'esprit l'on peut arriver à donner à la moitié de ses facultés le droit de proscrire l'autre : et si l'organisation morale pouvoit se peindre aux yeux par des images sensibles, je croirois devoir représenter l'homme employant toutes ses forces sous la direction de ses regards et de son jugement, plutôt que se servant d'un de ses bras pour enchaîner l'autre. La Providence ne nous a donné aucune faculté morale dont il nous soit interdit de faire usage ; et plus notre esprit a de lumières, plus il pénètre dans l'essence des choses, du moins si nous avons soumis ces lumières à la méthode qui les réunit et les dirige : cette méthode n'est elle-même que le résultat de l'ensemble des connoissances et des réflexions humaines : c'est à l'étude des sciences physiques que l'on doit cette rectitude de discussion et d'analyse qui donne la certitude d'arriver à la vérité lorsqu'on le desire sincèrement ; c'est donc en appliquant, autant qu'il est possible, la philosophie des sciences positives à la philosophie des idées intellectuelles, que l'on pourra faire d'utiles progrès dans cette carrière morale et politique dont les passions ne cessent d'obstruer la route.

Nous possédons dans les sciences, et particulièrement dans les mathématiques, les plus grands hommes de l'Europe. Nos troubles civils, loin de décourager l'émulation dans cette carrière, ont inspiré le desir de s'y refugier. Inestimable avantage de l'époque où nous nous trouvons ! Lorsque les passions intestines mettent le désordre dans toutes les idées morales, il reste encore des vérités dont la route est connue et la méthode fixée. Les penseurs, repoussés de toutes parts par la folie de l'esprit de parti, s'attachent à ces études ; et comme la puissance de la raison est toujours la même, à quelque objet qu'elle s'applique, l'esprit humain qui seroit peut-être menacé d'une longue décadence, s'il n'avoit eu que les querelles des factions pour aliment, l'esprit humain se conserve par les sciences exactes, jusqu'à ce que l'on puisse appliquer de nouveau la force de la pensée aux objets qui intéressent la gloire et le bonheur des sociétés.

Les erreurs de tout genre, en politique et en morale, ne peuvent à la longue subsister à côté de cette masse imposante de connoissances et de découvertes qui, dans l'ordre physique, porte par-tout la lumière ; les superstitions et les préjugés, les abstractions fausses et les principes inapplicables, finiront par s'anéantir devant cette raison calme et positive qui ne se mêle point, il est vrai, des intérêts du monde moral, mais enseigne à tous les hommes comment il faut procéder à la recherche de la vérité.

En examinant l'état actuel des lumières, l'on reconnoît aisément que nos véritables richesses ce sont les sciences. J'ai montré comment, en littérature, le goût a dû s'altérer ; et dans la politique, les événemens ayant devancé les idées, les idées rétrogradent par-delà leur point de départ. C'est un effet naturel des institutions précipitées, qui ne sont pas le résultat de l'instruction, et par conséquent du desir général.

Si l'imagination, justement frappée des crimes dont nous avons été témoins, les attribue à quelques causes abstraites, on devient passionné contre des principes, comme on pourroit l'être contre des individus, et cette vaste prévention, dont un principe peut être l'objet, s'étend à toutes les pensées qui en dépendent par les rapports les plus éloignés. Si l'on jugeoit à ces signes de l'état des lumières, on croiroit l'esprit humain reculé de plus d'un siècle en dix années ; mais la nature des argumens dont on se sert en faveur des préjugés mêmes, est une preuve incontestable des progrès qu'a fait la raison.

Pour justifier tous les genres de servitude vers lesquels divers sentimens peuvent rappeler, l'on a recours du moins à des idées générales, à des motifs tirés du bonheur des nations, à des raisonnemens que l'on fonde sur la volonté des peuples. Quand l'esprit a pris une fois cette marche, soit que momentanément il avance ou rétrograde, ses progrès futurs sont assurés ; il se sert de l'analyse ; il ne sauroit long-temps défendre l'erreur. Dans la période où nous nous trouvons, nous n'avons pas encore conquis la connoissance des vérités politiques et morales ; mais presque tous les partis, même les plus opposés, reconnoissent le raisonnement pour base de leurs discussions, et l'utilité publique comme le seul droit et le seul but des institutions sociales.

Lorsque la génération qui a si cruellement souffert fera place à une génération qui ne cherchera plus à se venger des hommes sur les idées, il est impossible que l'esprit humain ne recommence pas à parcourir sa carrière philosophique. Considérons donc quelle sera cette carrière, seul avenir qui soutienne encore la pensée prête à s'abîmer dans la douloureuse contemplation du passé.

Il y avoit dans la philosophie des anciens, plus d'imagination et moins de méthode que dans la philosophie des modernes. Celle des anciens s'emparoit plus vivement de l'ame ; mais elle pouvoit l'égarer beaucoup plus facilement par l'esprit de système, et elle étoit bien moins susceptible de progrès certains et positifs.

L'analyse n'avoit point encore établi un enchaînement de principes depuis l'origine des idées métaphysiques jusqu'à leur terme indéfini. Locke et Condillac ont beaucoup moins d'imagination que Platon ; mais ils sont entrés dans la route de la démonstration géométrique ; et cette méthode présente seule des progrès réguliers et sans bornes.

En parlant du style, j'examinerai s'il n'est

pas possible, s'il n'est pas même nécessaire à la marche ultérieure de la raison de faire concorder ce qui frappe l'imagination et ce qui persuade l'entendement. Il s'agit seulement ici de considérer l'application possible et les résultats vraisemblables de la philosophie, comme science.

Descartes a trouvé une manière de faire servir l'algèbre à la solution des problêmes de la géométrie. Si l'on pouvoit découvrir un jour dans le calcul des probabilités, une méthode qui pût convenir aux objets purement moraux, ce seroit faire un pas immense dans la carrière de la raison. L'on est déjà parvenu, sous quelques rapports, à appliquer avec succès la méthode des mathématiques à la métaphysique de l'entendement humain. L'on a employé les formes de la démonstration pour expliquer la théorie des facultés intellectuelles ; c'est une conquête pour l'esprit philosophique. Si l'on suivoit la même route dans les sciences morales, cette conquête auroit encore des effets bien plus utiles. Si les questions de politique, par exemple, pouvoient jamais arriver à un degré d'évidence tel, que la grande majorité des hommes y donnât son assentiment comme aux vérités de calcul, combien le bonheur et le repos du genre humain n'y gagneroient-ils pas ?

Sans doute il sera difficile de soumettre au calcul, même à celui des probabilités, ce qui tient aux combinaisons morales. Dans les sciences exactes, toutes les bases sont invariables ; dans les idées morales, tout dépend des circonstances : l'on ne peut se décider que par une multitude de considérations, parmi lesquelles il en est de si fugitives, qu'elles échappent souvent même à la parole, à plus forte raison au calcul. Néanmoins M. de Condorcet, dans son ouvrage sur les probabilités, a très-bien fait sentir comment il seroit possible de connoître à l'avance, avec une presque certitude, quelle seroit l'opinion d'une assemblée sur un sujet quelconque. Le calcul des probabilités, quand il s'applique à un très-grand nombre de chances, présente un résultat moralement infaillible ; il sert de guide à tous les joueurs, quoique son objet, dans ce cas, paroisse livré à tous les caprices du hasard. Il pourroit de même avoir son application relativement à la multitude de faits dont se composent les sciences politiques.

La table des morts et des naissances présente des résultats certains et invariables, aussi long-temps que subsiste l'ordre régulier des circonstances habituelles; le nombre des divorces qui auront lieu chaque année, le nombre des vols et des meurtres qui se commettront dans un pays de telle population, et de telle situation religieuse et politique, ce nombre peut se calculer d'une manière précise; et ces événemens qui dépendent cependant du concours journalier de toutes les passions humaines, ces événemens arrivent aussi exactement que ceux qui sont uniquement soumis aux loix physiques de la nature.

En prenant la moyenne proportionnelle de dix années, l'on sait, à Berne, que tous les ans il se fait tant de divorces; à Rome, que tous les ans il se commet tant d'assassinats; et l'on ne se trompe point dans ce calcul. S'il en est ainsi, n'est-il donc pas possible de prouver que les combinaisons de l'ordre moral sont aussi régulières que les combinaisons de l'ordre physique, et de fonder des calculs positifs d'après ces combinaisons ?

Il faut que ces calculs aient pour base l'uniformité constante de la masse, et non pas la diversité de chaque exemple : un à un, tout diffère dans l'ordre moral; mais si vous admettez cent mille chances, si vous calculez d'après cent mille hommes pris au hasard, vous saurez, par une approximation juste, quelle est dans ce nombre la proportion des hommes éclairés, des hommes foibles, des scélérats et des esprits distingués. Vous le saurez encore plus exactement, si vous faites entrer dans vos combinaisons la force des intérêts de chaque classe, comme en physique, l'impulsion que donne telle pente au mouvement. En joignant à ce calcul la connoissance éprouvée des effets de telle ou telle institution, l'on pourroit fonder les pouvoirs politiques sur des bases à-peu-près certaines, mesurer la résistance qu'ils doivent rencontrer, et les balancer entre eux, d'après leur action réelle, et l'influence des obstacles sur cette action.

Pourquoi ne parviendroit-on pas un jour à dresser des tables qui contiendroient la solution de toutes les questions politiques, d'après les connoissances de statistique, d'après les faits positifs que l'on recueilleroit sur chaque pays ? l'on diroit : — pour administrer telle population, il faut exiger tel sacrifice de la liberté individuelle ; — donc telles loix, tel gouvernement conviennent à tel empire. — Pour telle richesse, telle étendue de pays, il faut tel degré de force dans le pouvoir exécutif : — donc telle autorité est nécessaire dans telle contrée, et tyrannique dans telle autre. — Tel équilibre est nécessaire entre les pouvoirs, pour qu'ils puissent se défendre mutuellement : — donc telle constitution ne peut se maintenir, et telle autre est nécessairement despotique. — On pourroit prolonger ces exemples ; mais comme la véritable difficulté de cette idée n'est pas de la concevoir abstraitement, mais de l'appliquer avec précision, il suffit de l'indiquer.

L'on a eu tort de blâmer nos publicistes, lorsqu'ils ont voulu appliquer le calcul à la politique ; l'on a eu tort de leur reprocher d'avoir tenté de généraliser les causes : mais on a souvent eu raison de les accuser de n'avoir pas assez observé les faits qui peuvent seuls conduire à la découverte des causes.

C'est une science à créer que la politique. L'on n'apperçoit encore que dans un lointain obscur cette combinaison de l'expérience et des principes, qui amèneroit des résultats tellement positifs, qu'on pourroit parvenir à soumettre tous les problêmes des sciences morales à l'enchaînement, à la conséquence, à l'évidence pour ainsi dire mathématique. Les élémens de la science ne sont point fixés. Ce que nous appelons des idées générales, ne sont que des faits particuliers, et ne présentent qu'un côté d'une question, sans en laisser voir l'ensemble. Ainsi donc chaque fait nouveau nous imprime une impulsion nouvelle et désordonnée.

Une année, toutes les déclamations sont contre la puissance exécutive; une autre, contre les assemblées législatives; une année, contre la liberté de la presse; une autre, contre son asservissement. Aussi long-temps qu'existera ce désordre, des circonstances favorables, des hasards heureux pourront établir, dans quelques pays, des institutions conformes à la raison ; mais les principes généraux de la politique n'y seront pas fixés, l'application de ces principes aux différentes modifications de l'état social, n'y sera pas assurée.

C'est ainsi qu'en Amérique beaucoup de problêmes politiques paroissent résolus ; car les citoyens y vivent heureux et libres. Mais ce favorable hasard tient à des circonstances particulières, et ne préjuge en rien, ni quels sont les principes invariables en eux-mêmes, ni de quelle application ils sont susceptibles dans d'autres pays.

On peut encore moins présenter comme une preuve de progrès de l'esprit humain en politique, la longue durée et la stabilité presqu'indestructible de quelques gouvernemens de l'Europe, qui, se soutenant par leur puissance, et maintenant chez eux la paix et le calme, garantissent aux hommes quelques avantages de l'association. Le despotisme dispense de la science politique, comme la force dispense des lumières, comme l'autorité rend la persuasion superflue ; mais ces moyens ne peuvent être admis lorsqu'on discute les intérêts des hommes. La force est une combinaison du hasard, destructive de tout ce qui tient à la pensée et au raisonnement ; car l'exercice de l'une et de l'autre suppose toujours la liberté.

Le despotisme ne peut donc être l'objet des calculs de l'entendement. J'examine ici les ressources naturelles que l'esprit humain possède pour éviter de s'égarer, tout en avançant dans sa marche, et non les moyens d'abrutissement et de violence qui ne le préservent des erreurs qu'en arrêtant tous ses progrès.

L'analyse et l'enchaînement des idées dans un ordre mathématique, a cet avantage inappréciable, qu'il éloigne des esprits jusqu'à l'idée même de l'opposition. Tout sujet qui devient susceptible d'évidence, sort du domaine des passions, qui perdent l'espoir de s'en emparer. Déjà dans l'ordre moral, comme dans l'ordre physique, de certaines vérités sont à l'abri de leur empire. Depuis Newton, l'on ne fait plus de système nouveau sur l'origine des couleurs, ni sur les forces qui font mouvoir la terre. Depuis Locke, l'on ne parle plus des idées innées, l'on est convenu que toutes les idées nous viennent des sens. Il est plus difficile de faire reconnoître l'évidence dans les questions politiques ; les passions ont plus d'intérêt à les dénaturer (1). Il est cependant de ces questions qui, déjà résolues, n'offrent plus à l'esprit de parti l'espérance d'aucun débat.

L'esclavage, la féodalité, les querelles religieuses elles-mêmes n'exciteront plus aucune guerre ; la lumière est assez généralement répandue sur ces objets, pour qu'il ne reste plus aux hommes véhémens l'espoir de les présenter sous des aspects différens, de former deux partis fondés sur deux manières diverses de juger et de faire voir les mêmes idées. Chaque progrès nouveau dans ce sens, met une partie de plus du bonheur social en sûreté.

---

(1) Leibnitz disoit que si les hommes avoient intérêt à nier les vérités mathématiques, ces vérités seroient mises en doute. Il est néanmoins certain qu'il est des vérités morales reconnues, et que leur nombre doit toujours augmenter avec le temps.

Les philosophes doivent donc, en politique, se proposer de soumettre à des combinaisons positives tous les faits qui leur sont connus, pour en tirer des résultats certains, d'après le nombre et la nature des chances.

Les algébristes ne vous disent pas : Vous allez amener tel dé; mais ils calculent en combien de coups tel dé doit revenir. Il en seroit de même des politiques ; ils ne pourroient pas dire : Telle révolution arrivera tel jour ; mais ils seroient assurés du retour des mêmes circonstances dans un temps donné , si les institutions restoient les mêmes.

Aucun calcul, il est vrai, n'exigeroit une plus grande multiplicité de combinaisons différentes. Si une expérience physique peut manquer, parce qu'on ne s'est pas rendu compte d'une légère différence dans les procédés, d'un léger degré de plus ou de moins dans le froid ou la chaleur, quelle étude du cœur humain ne faut-il pas pour déterminer la considération qu'on doit donner au gouvernement , afin qu'il soit obéi sans pouvoir être injuste, et l'action nécessaire aux législateurs pour réunir la nation dans un même esprit, sans entraver l'essor individuel ? De quel coup-d'œil exercé n'a-t-on pas besoin pour marquer le point juste où l'autorité exécutive cesse d'être un bien, comme celui où son absence seroit un mal ? Il n'est point de problème composé d'un plus grand nombre de termes, il n'en est point où l'erreur soit d'une conséquence plus dangereuse.

Une opinion abstraite qui devient l'objet d'un sentiment fanatique, produit dans l'homme les effets les plus remarquables. Des idées diamétralement opposées les unes aux autres s'établissent dans la même tête, et y existent simultanément. L'esprit admet une à une chaque proposition, sans avoir essayé de les juger ; il crée ensuite des rapports factices dont l'apparente vérité lui plaît et l'exalte; car l'imagination est saisie par ce qui est abstrait, tout aussi fortement que par les tableaux les plus animés. Le vague des idées sans bornes est singulièrement propre à l'exaltation.

Les dogmes ou les systêmes métaphysiques une fois adoptés, on en défend tout alors, même l'idée que l'on croit fausse; et par un singulier effet de la dispute, ce que l'on soutient, finit par devenir ce que l'on croit. A force de chercher toujours des raisonnemens dans le même sens, on ne voit plus les argumens qui les combattent; l'irritation d'amour-propre que fait éprouver la contradiction, exalte la passion, engage la vanité. Lorsque, après une suite d'actions que votre opinion vous a d'abord inspirées, votre intérêt se trouve intimement uni avec le succès de cette opinion, et que cet intérêt vous engage toujours plus avant, il se passe dans les réflexions intérieures des combats que l'on se nie à soi-même, et que l'on parvient à étouffer.

Les dévots portent le scrupule au fond de leurs pensées les plus intimes; ils finissent par se faire un crime de ces incertitudes passagères qui traversent quelquefois leur esprit. Il en est de même de tous les fanatismes; l'imagination a peur du réveil de la raison, comme d'un ennemi étranger qui pourroit venir troubler le bon accord de ses chimères et de ses foiblesses.

Le fanatisme, en politique comme en religion, est agité par ces lueurs de vérité qui apparoissent par intervalle aux croyances les plus fermes. L'on poursuit dans les autres l'incertitude dont on a soi-même la première idée ; et la faculté de croire, bizarre dans sa véhémence, s'irrite de ses propres doutes, au lieu de s'en servir pour examiner de plus près la vérité.

Dans cette disposition de l'esprit humain, il y a des argumens pour tout, dans la langue même du raisonnement. Les opinions les plus absurdes, les maximes les plus détestables entrent dans la tête des hommes, dès qu'on leur a donné la forme d'une idée générale. Les contradictions se concilient par une sorte de logique purement grammaticale, qui, lorsqu'on ne l'analyse pas avec soin, semble revêtue de toute la sévérité du raisonnement.

« La loi, disoit Couthon en proposant celle » du 22 prairial, accorde pour défenseurs aux » innocens, des jurés patriotes ; elle n'en » accorde point aux conspirateurs ». N'y a-t-il pas dans cette maxime toutes les parties du discours assez bien coordonnées ? et

DE LA LITTÉRATURE. 219

fut-il jamais possible cependant de réunir en aussi peu de mots autant d'atroces absurdités? Cet enlacement du discours, qui enchaîne l'esprit le plus droit, et dont la raison la plus forte ne sait comment s'affranchir, est un des plus grands fléaux de la métaphysique imparfaite. Le raisonnement devient alors l'arme du crime et de la sottise, le charlatanisme des formes abstraites s'unit aux fureurs de la persécution, et l'homme combine, par un monstrueux mélange, tout ce que la superstition a de furieux avec tout ce que la philosophie a d'aride.

Il est impossible de ne pas éprouver le besoin d'une doctrine nouvelle, qui porte la lumière dans cet affreux amas de prétextes informes, derrière lesquels se retranche l'esprit faux, ou l'homme vil ou l'homme coupable, comme si la transformation d'erreurs en principes, et de sophismes en conséquences, changeoit rien à la fausseté radicale d'une première assertion, et pallioit les effets détestables de cette logique de scélératesse.

La philosophie maintenant doit reposer

sur deux bases, la morale et le calcul. Mais il est un principe dont il ne faut jamais s'écarter ; c'est que toutes les fois que le calcul n'est pas d'accord avec la morale, le calcul est faux, quelque incontestable que paroisse au premier coup-d'œil son exactitude.

L'on a dit que dans la révolution de France, des spéculateurs barbares avoient pris pour bases de leurs sanglantes loix, des calculs mathématiques, dans lesquels ils avoient froidement sacrifié la vie de plusieurs milliers d'individus, à ce qu'ils regardoient comme le bonheur du plus grand nombre.

Ces hommes atroces, en retranchant de leur calcul les souffrances, les sentimens, l'imagination, croyoient le simplifier ; ils ne se faisoient nulle idée de la nature des vérités générales. Ces vérités se composent de chaque fait et de chaque existence particulière. Le calcul n'est beau, n'est utile, que lorsqu'il saisit toutes les exceptions, et régularise toutes les variétés. Si vous laissez échapper une seule circonstance, votre résultat sera faux, comme la plus légère erreur de chiffre rend impossible la solution d'un problême.

La preuve des combinaisons de l'esprit, est dans l'expérience et le sentiment ; et le raisonnement, sous quelques formes qu'on le présente, ne peut jamais ni changer, ni modifier la nature des choses : il analyse ce qui est.

On présente comme une vérité mathématique le sacrifice que l'on doit faire du petit nombre au plus grand : rien n'est plus erroné, même sous le rapport des combinaisons politiques. L'effet des injustices est tel dans un état, qu'il le désorganise nécessairement.

Quand vous dévouez des innocens à ce que vous croyez l'avantage de la nation, c'est la nation même que vous perdez. D'action en réaction, de vengeance en vengeance, les victimes qu'on avoit immolées sous le prétexte du bien général, renaissent de leurs cendres, se relèvent de leur exil; et tel qui restoit obscur si l'on fût demeuré juste envers lui, reçoit un nom, une puissance par les persécutions mêmes de ses ennemis. Il en est ainsi de tous les problêmes politiques dans lesquels la vertu est intéressée. Il est toujours possible de prouver, par le simple raisonnement, que la solution de ces problêmes est fausse comme calcul, si elle s'écarte en rien des loix de la morale.

La morale doit être placée au-dessus du calcul. La morale est la nature des choses dans l'ordre intellectuel ; et comme, dans l'ordre physique, le calcul part de la nature des choses, et ne peut y apporter aucun changement, il doit, dans l'ordre intellectuel, partir de la même donnée, c'est-à-dire, de la morale.

Cette réflexion nous explique la cause de tant d'erreurs atroces ou absurdes, qui ont décrédité l'usage des idées abstraites dans la politique. C'est qu'au lieu de prendre la morale pour base inébranlable et législateur suprême, on l'a considérée, tout au plus, comme l'un des élémens du calcul, et non comme sa règle éternelle. Souvent même on l'a regardée comme un accessoire qu'on pouvoit modifier ou sacrifier à son gré.

Etablissons donc, en premier lieu, la morale comme point fixe. Soumettons ensuite la politique à des calculs partant de ce point, et nous verrons disparoître tous les inconvéniens reprochés jusqu'à ce jour, à juste titre, à la métaphysique appliquée aux institutions sociales et aux intérêts du genre humain.

La politique est soumise au calcul, parce que, s'appliquant toujours aux hommes réunis en masse, elle est fondée sur une combinaison générale, et par conséquent abstraite; mais la morale ayant pour but la conservation particulière des droits et du bonheur de chaque homme, est nécessaire pour forcer la politique à respecter, dans ses combinaisons générales, le bonheur des individus. La morale doit diriger nos calculs, et nos calculs doivent diriger la politique.

Cette place que nous assignons à la morale, au-dessus du calcul, convient également à la morale publique et à la morale individuelle. C'est sous le premier rapport sur-tout que l'idée contraire a causé de grands maux. En soumettant la morale publique à ce qui devoit lui être subordonné, l'on a souvent fait le malheur de chacun, sous le prétexte du bonheur de tous. Certains systêmes philosophiques menacent aussi la morale individuelle d'une dégradation semblable.

Tout doit être soumis, en dernier ressort, à la vertu ; et quoique la vertu soit susceptible d'une démonstration fondée sur le calcul de l'utilité, ce n'est pas assez de ce calcul pour lui servir de base. Comme elle rencontre beaucoup d'obstacles, elle a reçu de la nature beaucoup de soutiens.

Les sciences morales ne sont susceptibles que du calcul des probabilités, et ce calcul ne peut se fonder que sur un très-grand nombre de faits, desquels vous pouvez extraire un résultat approximatif. La science politique s'appliquant toujours aux hommes réunis en nation, les probabilités, dans cette science, peuvent équivaloir à une certitude, vu la multiplicité des chances dont elles sont tirées ; et les institutions que vous établissez d'après ces bases, s'appliquant elles-mêmes aussi au bonheur de la multitude, ne peuvent manquer leur objet. Mais la morale a pour but chaque homme en particulier, chaque fait, chaque circonstance ; et quoiqu'il soit vrai que la très-grande majorité des exemples prouve qu'une conduite vertueuse est en même temps la meilleure conduite à tenir pour le succès des intérêts de la vie, on ne peut affirmer qu'il n'y ait point d'exception à cette règle générale.

Or, si vous voulez soumettre ces exceptions aux mêmes loix, si vous voulez inspirer la morale à chaque individu en particulier, dans quelque situation qu'il puisse être, vous ne pouvez trouver que dans un sentiment la source vive et constante qui se renouvelle chaque jour pour chaque homme dans chaque moment.

La morale est la seule des pensées humaines qui ait encore besoin d'un autre régulateur que le calcul de la raison. Toutes les idées qui embrassent le sort de plusieurs hommes à-la-fois, se fondent sur leur intérêt bien entendu; mais lorsqu'on veut donner à chaque homme, pour guide de sa propre conduite, son intérêt personnel, quand même ce guide ne l'égareroit pas, il en résulteroit toujours que l'effet d'une telle opinion seroit de tarir dans son ame la source des belles actions.

Sans doute il est évident que la morale

est presque toujours conforme aux intérêts des hommes ; mais lui donner pour point d'appui cette sorte de motif, c'est ôter à l'ame l'énergie nécessaire pour les sacrifices de la vertu.

On peut arriver, par un raisonnement subtil, à représenter le dévouement le plus généreux comme un égoïsme bien entendu ; mais c'est prendre l'acception grammaticale d'un mot plutôt que le sentiment qu'il réveille dans le cœur de ceux qui l'écoutent. Tout revient à l'intérêt, puisque tout revient à soi ; mais de même qu'on ne diroit pas : *La gloire est de mon intérêt, l'héroïsme est de mon intérêt, le sacrifice de ma vie est de mon intérêt*, c'est tout-à-fait dégrader la vertu, que de dire seulement à l'homme qu'elle est de son intérêt ; car si vous reconnoissez que ce doit être son premier motif pour être honnête, vous ne pouvez pas lui refuser quelque liberté dans le jugement de ce qui le concerne ; et il existe une foule de circonstances dans lesquelles il est impossible de ne pas croire que l'intérêt et la morale se contrarient.

Comment convaincre un homme que tel

événement tout-à-fait nouveau, tout-à-fait inattendu a été prévu par ceux qui lui ont présenté des maximes générales sur la conduite qu'il devoit tenir. Les règles de la prudence (et la vertu, fondée seulement sur l'intérêt, n'est plus qu'une haute prudence), les règles de la prudence les plus reconnues, souffrent une multitude d'exceptions ; pourquoi la vertu, considérée comme le calcul de l'intérêt personnel, n'en auroit-elle point? Il n'existe aucune manière de prouver qu'elle est toujours d'accord avec cet intérêt, à moins d'en revenir à placer le bonheur de l'homme dans le repos de sa conscience; ce qui signifie simplement que les jouissances intérieures de la vertu sont préférables à tous les avantages de l'égoïsme.

Il n'est pas vrai que l'intérêt personnel soit le mobile le plus puissant de la conduite des hommes ; l'orgueil, l'amour-propre, la colère leur font très-aisément sacrifier cet intérêt ; et dans les ames vertueuses, il existe un principe d'action tout-à-fait différent d'un calcul individuel quelconque.

J'ai tâché de développer dans ce chapitre

combien il importoit de soumettre à la démonstration mathématique toutes les idées humaines ; mais quoiqu'on puisse appliquer aussi ce genre de preuve à la morale, c'est à la source de la vie qu'elle se rattache; son impulsion précède toute espèce de raisonnement. La même puissance créatrice qui fait couler le sang vers le cœur, inspire le courage et la sensibilité, deux jouissances, deux sensations morales dont vous détruisez l'empire en les analysant par l'intérêt personnel, comme vous flétririez le charme de la beauté, en la décrivant comme un anatomiste.

Les élémens de notre être, la pitié, le courage, l'humanité, agissent en nous avant que nous soyons capables d'aucun calcul. En étudiant chacune des parties de la nature, il faut supposer des données antérieures à l'examen de l'homme; l'impulsion de la vertu doit partir de plus haut que le raisonnement. Notre organisation, le développement que les habitudes de l'enfance ont donné à cette organisation, voilà la véritable cause des belles actions humaines, des délices que l'ame éprouve en faisant le bien. Les idées religieuses qui plaisent tant aux ames pures, animent et consacrent cette élévation spontanée, la plus noble et la plus sûre garantie de la morale. « Dans le sein » de l'homme vertueux, disoit Sénèque, » je ne sais quel Dieu; mais il habite un » Dieu ». Si ce sentiment étoit traduit dans la langue de l'égoïsme le plus éclairé, quel effet produiroit-il?

C'est l'imagination, pourroit-on dire, qui fait préférer ce genre d'expressions; et le véritable sens de cette idée, comme de toutes, est soumis au raisonnement. Sans doute la raison est la faculté qui juge toutes les autres; mais ce n'est pas elle qui constitue l'identité de l'être moral. Quand on s'étudie soi-même, on reconnoît que l'amour de la vertu précède en nous la faculté de la réflexion; que ce sentiment est intimement lié à notre nature physique, et que ses impressions sont souvent involontaires. La morale doit être considérée dans l'homme, comme une inclination, comme une affection dont le principe est dans notre être, et que notre jugement doit diriger. Ce principe peut être fortifié par tout ce qui agrandit l'ame et développe l'esprit.

Il existe sûrement des moyens d'améliorer, par la réflexion et le calcul, la théorie même de la morale, d'indiquer de nouveaux rapports de délicatesse et de dévouement entre les hommes ; mais ces moyens, utiles lorsqu'on les considère comme accessoires, deviendroient insuffisans et funestes, si l'on prétendoit les substituer au sentiment. Ils rétréciroient la sphère de la morale, au lieu de l'agrandir.

La philosophie, dans ses observations, reconnoît des causes premières, des forces préexistantes. La vertu est de ce nombre ; elle est fille de la création, et non de l'analyse ; elle naît presque en même-temps que l'instinct conservateur de la vie, et la pitié pour les autres se développe presque aussitôt que la crainte du mal qui peut nous arriver à nous-mêmes. Je ne désavoue certainement pas tout ce que la saine philosophie peut ajouter à la morale de sentiment ; mais comme on feroit injure à l'amour maternel, en le croyant le résultat de la raison seulement, il faut conserver dans toutes les vertus ce qu'elles ont de purement naturel, en se réservant de jetter ensuite de nouvelles lumières sur la meilleure direction de ces mouvemens irréfléchis.

La philosophie peut découvrir la cause des sentimens que nous éprouvons ; mais elle ne doit marcher que dans la route que ces sentimens lui tracent. L'instinct et la raison nous enseignent la même morale : la providence a répété deux fois à l'homme les vérités les plus importantes, afin qu'elles ne puissent échapper ni aux émotions de son ame, ni aux recherches de son esprit.

L'homme qui s'égare dans les sciences physiques, est ramené à la vérité par l'application qu'il doit faire de ses combinaisons aux faits matériels ; mais celui qui se consacre aux idées abstraites dont se composent les sciences morales, comment peut-il s'assurer si ce qu'il imagine sera juste et bon dans l'exécution? comment peut-il diminuer les frais de l'expérience, et prévoir l'avenir avec quelque certitude ? Ce n'est qu'en soumettant la raison à la vertu. Sans la vertu, rien ne peut subsister, rien ne peut réussir contre elle. La consolante idée d'une providence éternelle peut tenir lieu de toute autre réflexion ; mais il faut que les hommes déifient la morale elle-même, quand ils refusent de reconnoître un Dieu pour son auteur.

CHAPITRE VII.

Du Style des Ecrivains et de celui des Magistrats.

Avant que la carrière des idées philosophiques excitât en France l'émulation de tous les hommes éclairés, les livres où l'on discutoit avec finesse des questions de littérature ou de morale, lorsqu'ils étoient écrits avec élégance et correction, obtenoient un succès du premier ordre. Il existoit, avant la révolution, plusieurs écrivains qui avoient acquis une grande réputation, sans jamais considérer les objets sous un point de vue général, et en ramenant toutes les idées morales et politiques à la littérature, au lieu de rattacher la littérature à toutes les idées morales et politiques.

Maintenant il est impossible de s'intéresser fortement à ces ouvrages, qui ne sont que spirituels, n'embrassent point les sujets qu'ils traitent dans leur ensemble, et ne les présentent jamais que par un côté, que par des détails qui ne se rallient ni aux idées premières, ni aux impressions profondes dont se compose la nature de l'homme.

Le style donc doit subir des changemens, par la révolution qui s'est opérée dans les esprits et dans les institutions ; car le style ne consiste point seulement dans les tournures grammaticales : il tient au fond des idées, à la nature des esprits; il n'est point une simple forme. Le style des ouvrages est comme le caractère d'un homme ; ce caractère ne peut être étranger ni à ses opinions, ni à ses sentimens ; il modifie tout son être.

Examinons donc quel style doit convenir à des écrivains philosophes, et chez une nation libre.

Les images, les sentimens et les idées représentent les mêmes vérités à l'homme sous trois formes différentes ; mais le même enchaînement, la même conséquence subsistent dans ces trois règnes de l'entendement. Quand vous découvrez une pensée nouvelle, il y a dans la nature une image qui sert à la peindre, et dans le cœur un sentiment qui correspond à cette pensée par des rapports que la réflexion fait découvrir. Les écrivains ne portent au plus haut degré la conviction et l'enthousiasme, que lorsqu'ils savent toucher à-la-fois ces trois cordes, dont l'accord n'est autre chose que l'harmonie de la création.

C'est d'après la réunion plus ou moins complette de ces moyens d'influer sur le sentiment, l'imagination ou le jugement, que nous pouvons apprécier le mérite des différens auteurs. Il n'y a point de style digne de louange, s'il ne contient au moins deux des trois qualités qui réunies sont la perfection de l'art d'écrire.

Les apperçus fins, les pensées subtiles et déliées qui n'entrent point dans la grande chaîne des vérités générales, l'art de saisir des rapports ingénieux, mais qui exercent l'esprit à se séparer de l'ame, au lieu de puiser en elle sa principale force, cet art ne place point un auteur au premier rang. Si vous détaillez trop les idées, elles échappent aux images et aux sentimens, qui rassemblent au lieu de diviser. Les expressions abstraites qui ne rappellent en rien les mouvemens du cœur de l'homme, et dessèchent son imagination, ne conviennent pas davantage à cette nature universelle dont un beau style doit représenter le sublime ensemble. Les images qui ne répandent de lumière sur aucune idée, ne sont que de bizarres fantômes ou des tableaux de simple amusement. Les sentimens qui ne réveillent dans la pensée aucune idée morale, aucune réflexion générale, sont probablement des sentimens affectés qui ne répondent à rien de vrai dans aucun genre.

Marivaux, par exemple, ne présentant jamais que le côté recherché des apperçus de l'esprit, il n'y a ni philosophie, ni tableaux frappans dans ses écrits. Les sentimens qui ne peuvent se rapporter à des idées justes, ne sont point susceptibles d'images naturelles. Les pensées qui peuvent être offertes sous le double aspect du sentiment et de l'imagination, sont des pensées premières dans l'ordre moral; mais les idées trop fines n'ont point de termes de comparaison dans la nature animée.

Dans les sciences exactes, vous n'avez besoin que des formes abstraites; mais dès que vous traitez tout autre sujet philosophique, il faut rester dans cette région, où vous pouvez vous servir à-la-fois de toutes les facultés de l'homme, la raison, l'imagination et le sentiment; facultés qui toutes concourent également, par divers moyens, au développement des mêmes vérités.

Fénélon accorde ensemble des sentimens doux et purs avec les images qui doivent leur appartenir; Bossuet, les pensées philosophiques avec les tableaux imposans qui leur conviennent; Rousseau, les passions du cœur avec les effets de la nature qui les rappellent; Montesquieu est bien près, surtout dans le dialogue d'Eucrate et de Sylla, de réunir toutes les qualités du style, l'enchaînement des idées, la profondeur des sentimens et la force des images. On trouve, dans ce dialogue, ce que les grandes pensées ont d'autorité et d'élévation avec l'expression figurée nécessaire au développement complet de l'apperçu philosophique; et l'on éprouve, en lisant les belles pages de Montesquieu, non l'attendrissement ou l'ivresse que l'éloquence passionnée doit faire naître, mais l'émotion que cause ce qui est admirable en tout genre, l'émotion que les étrangers ressentent lorsqu'ils entrent pour la première fois dans Saint-Pierre de Rome, et qu'ils découvrent à chaque instant une nouvelle beauté qu'absorboient, pour ainsi dire, la perfection et l'effet imposant de l'ensemble.

Mallebranche a essayé de réunir, dans ses ouvrages de métaphysique, les images aux idées; mais comme ses idées n'étoient pas justes, on n'a pu sentir que très-imparfaitement la liaison qu'il vouloit établir entr'elles et ses images brillantes. Garat, dans ses Leçons aux Ecoles normales, modèle de perfection en ce genre, et Rivarol, malgré quelques expressions recherchées, font concevoir parfaitement la possibilité de cette concordance entre l'image tirée de la nature physique, et l'idée qui sert à former la chaîne des principes et de leurs déductions dans l'ordre moral. Qui sait jusqu'où l'on pourra porter cette puissance d'analyse, qui, réunie à l'imagination, loin de rien détruire, donne à tout une nouvelle force, et, semblable à la nature, concentre dans un même foyer les élémens divers de la vie ?

Cette réunion, sans doute, est nécessaire à la perfection du style; mais faut-il en conclure qu'on doit bannir absolument les ouvrages de pensée qui sont privés d'imagination dans le style, ou les livres d'imagination dépourvus de pensée ? Il ne faut rien exclure; mais on doit convenir que les livres philosophiques qui n'en appellent jamais ni au sentiment, ni à l'imagination, servent d'une manière beaucoup moins utile à la propagation des idées, et que les ouvrages de littérature qui ne sont point remplis d'idées philosophiques, ou de cette mélancolie sensible qui retrace les grandes pensées, captivent tous les jours moins le suffrage des hommes éclairés.

Un livre sur les principes du goût, sur la peinture, sur la musique, peut être un livre philosophique, s'il parle à l'homme tout entier, s'il réveille en lui les sentimens et les pensées qui agrandissent toutes les questions. Un discours sur les intérêts les plus importans de la société humaine, peut fatiguer l'esprit, s'il ne contient que des idées de circonstances, s'il ne présente que les rapports étroits des objets les plus importans, s'il ne ramène pas la pensée aux considérations générales qui l'intéressent.

Le charme du style dispense de l'effort qu'exige la conception des idées abstraites, les expressions figurées réveillent en vous tout ce qui a vie, les tableaux animés vous donnent la force de suivre la chaîne des pensées et des raisonnemens. On n'a plus besoin de lutter contre les distractions, quand l'imagination qui les donne est captivée, et sert elle-même à la puissance de l'attention.

Les ouvrages purement littéraires, s'ils ne contiennent point cette sorte d'analyse qui agrandit tous les sujets qu'elle traite, s'ils ne caractérisent pas les détails, sans perdre de vue l'ensemble, s'ils ne prouvent pas en même temps la connoissance des hommes et l'étude de la vie, paroissent, pour ainsi dire, des travaux puériles. On veut qu'un homme, dans un état libre, alors qu'il se fait remarquer par un livre, indique dans ce livre les qualités importantes que la république peut un jour réclamer d'un de ses citoyens, quel qu'il soit. Un ouvrage qui n'est pas écrit avec philosophie, classe son auteur parmi les artistes, mais non parmi les penseurs.

Depuis la révolution, on s'est jetté dans un défaut singulièrement destructeur de toutes les beautés du style ; on a voulu rendre toutes les expressions abstraites, abréger toutes les phrases par des verbes nouveaux qui dépouillent le style de toute sa grace, sans lui donner même plus de précision (1). Rien n'est plus contraire au véritable talent d'un grand écrivain. La concision ne consiste pas dans l'art de diminuer le nombre des mots ; elle consiste encore moins dans la privation des images. La concision qu'il faut envier, c'est celle de Tacite, celle qui est tout-à-la-fois éloquente et énergique; et loin que les images nuisent à cette briéveté de style justement admirée, les expressions figurées sont celles qui retracent le plus de pensées avec le moins de termes.

---

(1) Utiliser, activer, préciser, &c.

Ce n'est pas non plus perfectionner le style, que d'inventer des mots nouveaux. Les maîtres de l'art peuvent en faire recevoir quelques-uns, lorsqu'ils les créent involontairement, et comme entraînés par l'impulsion de leur pensée ; mais il n'est point, en général, de symptôme plus sûr de la stérilité des idées, que l'invention des mots. Lorsqu'un auteur se permet un mot nouveau, le lecteur qui n'y est point accoutumé, s'arrête pour le juger; et cette distraction nuit à l'effet général et continu du style (1).

---

(1) Lorsque l'académie française existoit, cette société recueilloit toutes les années les mots que l'usage ou les bons écrivains avoient introduits, et déclaroit quels étoient ceux que l'usage avoit proscrits. La langue française, comme toutes les langues, acquéroit donc alors de nouveaux mots qui remplaçoient ceux qu'elle perdoit, ou l'enrichissoient encore. C'est ce qu'Horace recommande dans son Art poétique, lorsqu'il dit : « Il est permis, et il le sera toujours, de
» donner cours à des mots nouveaux dans la langue ;
» et comme lorsque les bois changent de feuilles, les
» premières tombent pour faire place aux suivantes,
» de même les mots anciens s'usent par le temps, tan-

Tout ce que nous avons dit sur le mauvais goût, peut s'appliquer également à tous

---

» dis que les nouveaux ont toute la fraîcheur et toute
» la force de la jeunesse ».

Ce seroit nuire au style français que d'établir qu'il n'est pas permis de se servir à présent d'un mot qui ne se trouve pas dans le Dictionnaire de l'Académie. Le travail de ce Dictionnaire a été suspendu depuis dix années, et ces dix années ont certainement excité des sentimens et des idées d'un genre tout-à-fait nouveau. Peut-être seroit-il nécessaire que l'institut, cette société la plus imposante de l'Europe, par la réunion de tous les hommes éclairés dont la république s'honore, chargeât la classe des belles-lettres de constater et de fixer les progrès de la langue française.

Il n'existe pas un auteur de quelque talent qui n'ait fait admettre une tournure ou une expression nouvelle ; et le temps a consacré les hardiesses du génie. Delille, dans son poëme de l'Homme des Champs, s'est servi d'un mot nouveau, *inspiratrice*, *la lampe inspiratrice*, &c. Mais comme il n'existe point de hardiesses heureuses dont la raison ne puisse indiquer les motifs, examinons quelles sont les règles qui peuvent servir à juger si l'on doit se permettre un mot nouveau.

Toutes les fois qu'un écrivain a recours à un mot nouveau, il faut qu'il ait été conduit à l'employer

les défauts du langage employé par plusieurs écrivains depuis dix ans ; cependant

par la force même du sens ; et que loin d'avoir cherché ce genre de singularité, il manque comme malgré lui à la règle qu'il s'étoit faite de l'éviter. Lorsque c'est la finesse des idées ou l'énergie des sentimens qui inspire le besoin d'une expression plus nuancée ou d'un terme plus éloquent, le mot dont on se sert, fût-il inusité, paroît naturel. Le lecteur ne s'apperçoit pas d'abord que ce mot est nouveau, tant il lui paroît nécessaire ; et frappé de la justesse de l'expression, de son rapport parfait avec l'idée qu'elle doit rendre, il n'est pas détourné de l'intérêt principal ni du mouvement du style, tandis qu'un mot bizarre distrairoit son attention, au lieu de la captiver.

Lorsqu'on se sert d'un mot nouveau, il faut qu'il soit bien prouvé pour tous ceux qui savent lire qu'il n'existoit pas dans la langue un autre terme qui rendît précisément la même nuance de pensée, ni une tournure heureuse qui dût produire une égale impression. Un mot admis pour la première fois dans le style soutenu, s'il est bon, de nouveau qu'il étoit, devient bientôt familier à tous les écrivains ; ils se le rappellent naturellement comme inséparable de l'image ou de la pensée qu'il exprime.

Si un écrivain se résout à créer un mot, il faut qu'il soit dans l'analogie de la langue ; car on ne doit rien inventer que progressivement : l'esprit en toutes

il est quelques-uns de ces défauts qui tiennent plus directement à l'influence des évé-

---

choses a besoin d'enchaînement. Dans les sciences, le hasard a fait faire de grandes découvertes ; mais l'on n'a accordé du génie qu'à ceux qui sont arrivés à des résultats nouveaux par une suite de principes et de conséquences. J'oserai dire qu'il en est de même de tout ce qui tient à l'imagination, quoique sa marche soit moins assujettie. Ce que vous admirez véritablement, ce n'est pas une idée complètement inattendue, c'est une surprise assez graduée pour que l'esprit soit satisfait, et non pas troublé. L'écrivain est d'autant plus parfait, qu'il sait donner à ses lecteurs d'avance une sorte de pressentiment ou de besoin confus des beautés mêmes qui les étonneront. Ces grands principes de la littérature ont leur application dans les plus petits détails du style.

Enfin il ne faut point admettre un mot nouveau, à moins qu'il ne soit harmonieux. L'harmonie est une des premières qualités du style; et c'est gâter la langue française que d'y introduire des sons qui blessent l'oreille. L'ame, en se pénétrant des sentimens nobles et des pensées élevées, éprouve une sorte de fièvre qui lui donne des forces nouvelles pour le talent et la vertu. L'harmonie des paroles ajoute beaucoup à l'ébranlement causé par une éloquence généreuse.

Je n'ai pas besoin de dire qu'aucune de ces con-

nemens politiques. Je me propose de les relever en parlant de l'éloquence.

Le style se perfectionnera nécessairement d'une manière très-remarquable, si la philosophie fait de nouveaux progrès. Les principes littéraires qui peuvent s'appliquer à l'art d'écrire, ont été presque tous développés ; mais la connoissance et l'étude du cœur humain doivent ajouter chaque jour au tact sûr et rapide des moyens qui font effet sur les esprits. En général, toutes les

---

ditions imposées à l'invention des mots ne peut s'appliquer en aucune manière aux sciences ; il leur faut des termes nouveaux pour des faits nouveaux, et les vérités positives exigent une langue aussi positive qu'elles. Mais l'art d'écrire en littérature est composé de tant de nuances, des idées fines et presque fugitives exercent une telle influence sur le plaisir que telle expression fait éprouver, sur l'éloignement que telle autre inspire, que pour bien écrire il faut étudier avec le soin le plus délicat tout ce qui peut agir sur l'imagination des hommes. On pourroit composer un traité sur le style d'après les manuscrits des grands écrivains ; chaque rature suppose une foule d'idées qui décident l'esprit souvent à son insçu ; et il seroit piquant de les indiquer toutes, et de les bien analyser.

fois que le public impartial n'est pas ému, n'est pas entraîné, par un discours ou par un ouvrage, l'auteur a tort ; mais c'est presque toujours à ce qu'il lui manquoit comme moraliste, qu'il faut attribuer ses fautes comme écrivain.

Il arrive sans cesse en société, lorsqu'on écoute des hommes ou des femmes qui ont le dessein de faire croire à leurs vertus ou à leur sensibilité, de remarquer combien ils ont mal observé la nature, dont ils veulent imiter les signes caractéristiques. Les écrivains font sans cesse des fautes semblables, quand ils veulent développer des sentimens profonds ou des vérités morales. Sans doute il est des sujets dans lesquels l'art ne peut suppléer à ce que l'on éprouve réellement ; mais il en est d'autres que l'esprit pourroit toujours traiter avec succès, si l'on avoit profondément réfléchi sur les impressions que ressentent la plupart des hommes, et sur les moyens de les faire naître.

C'est la gradation des termes, la convenance et le choix des mots, la rapidité des formes, le développement de quelques motifs, le style enfin qui s'insinue dans la persuasion des hommes. Une expression qui ne change rien au fond des idées, mais dont l'application n'est pas naturelle, doit devenir l'objet principal pour la plupart des lecteurs. Une épithète trop forte peut détruire entièrement un argument vrai; la plus légère nuance déroute entièrement l'imagination prête à vous suivre; une obscurité de rédaction que la réflexion pénétreroit bien aisément, lasse tout-à-coup l'intérêt que vous inspiriez; enfin le style exige quelques-unes des qualités nécessaires pour conduire les hommes. Il faut connoître leurs défauts, tantôt les ménager, tantôt les dominer; mais se bien garder de cet amour-propre qui, accusant une nation plutôt que soi-même, ne veut pas prendre l'opinion générale pour juge suprême du talent.

Les idées en elles-mêmes sont indépendantes de l'effet qu'elles produisent; mais le style ayant précisément pour but de faire adopter aux hommes les idées qu'il exprime, si l'auteur n'y réussit pas, c'est que sa pénétration n'a pas encore su découvrir la route qui conduit à ces secrets de l'ame, à ces principes du jugement dont il faut se rendre maître pour ramener à son opinion celle des autres.

C'est dans le style sur-tout que l'on remarque cette hauteur d'esprit et d'ame qui fait reconnoître le caractère de l'homme, dans l'écrivain. La convenance, la noblesse, la pureté du langage ajoutent beaucoup dans tous les pays, et particulièrement dans un état où l'égalité politique est établie, à la considération de ceux qui gouvernent. La vraie dignité du langage est le meilleur moyen de prononcer toutes les distances morales, d'inspirer un respect qui améliore celui qui l'éprouve. Le talent d'écrire peut devenir l'une des puissances d'un état libre.

Lorsque les premiers magistrats d'un pays possèdent cette puissance, elle forme un lien volontaire entre les gouvernans et les gouvernés. Sans doute les actions sont la meilleure garantie de la moralité d'un homme : néanmoins je croirois qu'il existe un accent dans les paroles, et par conséquent un caractère dans les formes du style, qui atteste les qualités de l'ame avec plus de certitude encore que les actions mêmes. Cette sorte de style n'est point un art que l'on puisse acquérir avec de l'esprit, c'est soi, c'est l'empreinte de soi.

Les hommes à imagination, en se transportant dans le rôle d'un autre, ont pu découvrir ce qu'un autre auroit dit; mais quand on parle en son propre nom, ce sont ses propres sentimens que l'on montre, même alors que l'on fait des efforts pour les cacher. Il n'existe pas un seul auteur qui ait, en parlant de lui, su donner de lui-même une idée supérieure à la vérité : un mot, une transition fausse, une expression exagérée révèlent à l'esprit ce qu'on vouloit lui dérober.

Si l'homme du plus grand talent, comme orateur, étoit accusé devant un tribunal, il seroit impossible de ne pas juger, à sa manière de se défendre, s'il est innocent ou coupable. Toutes les fois que les paroles sont appelées en témoignage, on ne peut dénaturer dans le langage le caractère de vérité que la nature y a gravé; ce n'est plus un art mensonger, c'est un signe irrécusable ; et ce qu'on éprouve échappe, de mille manières, dans ce qu'on dit.

L'homme vertueux seroit trop à plaindre, s'il ne lui restoit pas quelques preuves que le méchant ne pût lui dérober, un sceau divin que ses pareils ne dussent jamais méconnoître. L'expression calme d'un sentiment élevé, l'énonciation claire d'un fait, ce style de la raison qui ne convient qu'à la vertu, l'esprit ne peut le feindre : non-seulement ce langage est le résultat des sentimens honnêtes, mais il les inspire encore avec plus de force.

La beauté noble et simple de certaines expressions en impose même à celui qui les prononce ; et parmi les douleurs attachées à l'avilissement de soi-même, il faudroit compter aussi la perte de ce langage qui cause à l'homme digne de s'en servir l'exaltation la plus pure et la plus douce émotion.

Ce style de l'ame, si je puis m'exprimer ainsi, est un des premiers moyens de l'autorité dans un gouvernement libre. Ce style provient d'une telle suite de sentimens en accord avec les vœux de tous les hommes honnêtes, d'une telle confiance et d'un tel respect pour l'opinion publique, qu'il est la preuve de beaucoup de bonheur précédent, et la garantie de beaucoup de bonheur à venir.

Quand un Américain, en annonçant la mort de Washington, disoit : *Il a plu à la divine providence de retirer du milieu de nous cet homme, le premier dans la guerre, le premier dans la paix, le premier dans les affections de son pays,* que de pensées, que de sentimens étoient rappelés par ces expressions ! Ce retour vers la providence ne nous indique-t-il pas qu'aucun ridicule n'est jetté dans ce pays éclairé, ni sur les idées religieuses, ni sur les regrets exprimés avec l'attendrissement du cœur. Cet éloge si simple d'un grand homme, cette gradation qui donne pour dernier terme de la gloire *les affections de son pays,* fait éprouver à l'ame la plus profonde émotion.

Que de vertus, en effet, l'amour d'une nation libre pour son premier magistrat ne suppose-t-il pas ! l'amour constant pour une réputation de près de vingt années, pour un homme qui, redevenu par son choix simple particulier, a traversé le pouvoir dans le voyage de la vie, comme une route qui conduisoit à la retraite, à la retraite honorée par les plus nobles et les plus doux souvenirs !

Jamais dans nos crises révolutionnaires, jamais aucun homme n'auroit parlé cette langue dont j'ai cité quelques mots remarquables ; mais dans tout ce qui nous est parvenu des rapports qui ont existé par écrit entre les magistrats d'Amérique et les citoyens, l'on retrouve ce style vrai, noble et pur dont la conscience de l'honnête homme est le génie inspirateur.

J'oserai dire que mon père est le premier, et jusqu'à présent le plus parfait modèle de l'art d'écrire, pour les hommes publics, de ce talent d'en appeler à l'opinion, de s'aider de son secours pour soutenir le gouvernement, de ranimer dans le cœur des hommes les principes de la morale, puissance dont les magistrats doivent se regarder comme les représentans, puissance qui leur donne seule le droit de demander à la nation des sacrifices ! Malgré nos pertes en tout genre, il existe un progrès sensible depuis M. Necker, dans la langue dont se servent les chefs de plusieurs gouvernemens. Ils sont entrés en discussion avec la raison, quelquefois même avec le sentiment; mais alors ils ont été, ce me semble, inférieurs à cette éloquence persuasive, dans laquelle aucun homme n'a, jusqu'à présent, encore égalé M. Necker.

Les gouvernemens libres sont appelés sans cesse, par la forme même de leurs institutions, à développer et à commenter les motifs de leurs résolutions. Lorsque, dans les momens de péril, les magistrats n'adressoient aux Français que les phrases bannales, l'éloquence usitée par les partis entr'eux, ils n'agissoient en rien sur l'opinion. L'esprit public s'affoiblissoit à chaque inutile effort qu'on tentoit pour le relever; on sollicitoit l'enthousiasme, et l'enthousiasme étoit plus que jamais loin de renaître, par cela même qu'on l'avoit en vain évoqué.

Quand une fois la puissance de la parole est admise dans les intérêts politiques, elle devient de la plus haute importance. Dans les Etats où la loi despotique frappe silencieusement sur les têtes, la considération appartient précisément à ce silence, qui laisse tout supposer au gré de la crainte ou de l'espoir ; mais quand le gouvernement entre avec la nation dans l'examen de ses intérêts, la noblesse et la simplicité des expressions qu'il emploie, peuvent seules lui valoir la confiance nationale.

Sans doute les plus grands hommes connus n'ont pas tous été distingués comme écrivains ; mais il en est très-peu qui n'aient exercé l'empire de la parole. Tous les beaux discours, tous les mots célèbres des héros de l'antiquité, sont les modèles des grandes qualités du style : ce sont ces expressions inspirées par le génie ou la vertu que le talent s'efforce de recueillir ou d'imiter. Le laconisme des Spartiates, les mots énergiques de Phocion, réunissoient autant, et souvent mieux que les discours les plus soutenus, les attributs nécessaires à la puissance du langage ; cette manière de s'exprimer agissoit sur l'imagination du peuple, caractérisoit les motifs des actions du gouvernement, et faisoit connoître avec force les sentimens des magistrats.

Tels sont les principaux secours que l'autorité politique peut retirer de l'art de parler aux hommes ; tels sont les avantages qu'assure à l'ordre, à la morale, à l'esprit public, le style mesuré, solemnel et quelquefois touchant des hommes qui sont appelés à gouverner l'état. Mais ce n'est-là qu'une partie encore de la puissance du langage ; et les bornes de la carrière que nous parcourons vont reculer au loin devant nous, nous allons voir cette puissance s'élever à un bien plus haut degré, si nous la considérons lorsqu'elle défend la liberté, lorsqu'elle protége l'innocence, lorsqu'elle lutte contre l'oppression ; si nous l'examinons, en un mot, sous le rapport de l'éloquence.

CHAPITRE VIII.

De l'Éloquence.

Dans les pays libres, la volonté des nations décidant de leur destinée politique, les hommes recherchent et acquièrent au plus haut degré les moyens d'influer sur cette volonté; et le premier de tous, c'est l'éloquence. Les efforts s'accroissent toujours en proportion de la récompense; et lorsque la nature du gouvernement promet à l'homme de génie la puissance et la gloire, des vainqueurs dignes de remporter un tel prix, ne tardent point à se présenter. L'émulation développe les talens, qui seroient demeurés inconnus, dans les états où l'on ne pourroit offrir à une ame fière aucun but qui fût digne d'elle.

Examinons cependant pourquoi, depuis les premières années de la révolution, l'éloquence s'altère et se détériore en France, au lieu de suivre les progrès naturels dans les assemblées délibérantes ; examinons comment elle pourroit renaître et se perfectionner, et terminons par un apperçu général sur l'utilité dont elle est aux progrès de l'esprit humain et au maintien de la liberté.

La force dans les discours ne peut être séparée de la mesure. Si tout est permis, rien ne peut produire un grand effet. Ménager les convenances morales, c'est respecter les talens, les services et les vertus; c'est honorer dans chaque homme les droits que sa vie lui donne à l'estime publique. Si vous confondez par une égalité grossière et jalouse ce que distingue l'inégalité naturelle, votre état social ressemble à la mêlée d'un combat, dans lequel l'on n'entend plus que des cris de guerre ou de fureur. Quels moyens reste-t-il alors à l'éloquence pour frapper les esprits par des pensées ou des expressions heureuses, par le contraste du vice et de la vertu, par la louange ou par le blâme distribués avec justice ? Dans ce chaos de sentimens et d'idées qui a existé pendant quelque temps en France, aucun orateur ne pouvoit flatter par son estime, ni flétrir par son mépris ; aucun homme ne pouvoit être honoré ni dégradé.

Dans un tel état de choses, comment tomber ? comment s'élever ? A quoi sert-il d'accuser ou de défendre ? où est le tribunal qui peut absoudre ou condamner ? Qu'y a-t-il d'impossible ? qu'y a-t-il de certain ? Si vous êtes audacieux, qui étonnerez-vous ? si vous vous taisez, qui le remarquera ? Où est la dignité, si rien n'est à sa place ? Quelles difficultés a-t-on à vaincre, s'il n'existe aucune barrière ? mais aussi quels monumens peut-on fonder, si l'on n'a point de base ? On peut parcourir en tout sens l'injure et l'éloge, sans faire naître l'enthousiasme ni la haine. On ne sait plus ce qui doit fixer l'appréciation des hommes ; les calomnies commandées par l'esprit de parti, les louanges inspirées par la terreur ont tout révoqué en doute, et la parole errante frappe l'air sans but et sans effet.

Quand Cicéron voulut défendre Murena contre l'autorité de Caton, il fut éloquent, parce qu'il sut à-la-fois honorer et combattre la réputation d'un homme tel que Caton. Mais dans nos assemblées, où toutes les invectives étoient admises contre tous les caractères, qui auroit saisi la nuance délicate des expressions de Cicéron? à qui viendroit-il dans l'esprit de s'imposer une contrainte inutile, puisque personne n'en comprendroit le motif et n'en recevroit l'impression? Une voix de Stentor criant à la tribune : *Caton est un contre-révolutionnaire, un stipendié de nos ennemis ; et je demande que la mort de ce grand coupable satisfasse enfin la justice nationale*, feroit oublier l'éloquence de Cicéron.

Dans un pays où l'on anéantit tout l'ascendant des idées morales, la crainte de la mort peut seule remuer les ames. La parole conserve encore la puissance d'une arme meurtrière ; mais elle n'a plus de force intellectuelle. On s'en détourne, on en a peur comme d'un danger, mais non comme d'une insulte ; elle n'atteint plus la réputation de personne. Cette foule d'écrivains calomniateurs émoussent jusqu'au ressentiment qu'ils inspirent ; ils ôtent successivement à tous les mots dont ils se servent, leur puissance naturelle. Une ame délicate éprouve une sorte de dégoût pour la langue dont les expressions se trouvent dans les écrits de pareils hommes. Le mépris des convenances prive l'éloquence de tous les effets qui tiennent à la sagesse de l'esprit et à la connoissance des hommes, et le raisonnement ne peut exercer aucun empire dans un pays où l'on dédaigne jusqu'à l'apparence même du respect pour la vérité.

A plusieurs époques de notre révolution, les sophismes les plus révoltans remplissoient seuls de certains discours; les phrases de parti, que répétoient à l'envi les orateurs, fatiguoient les oreilles et flétrissoient les cœurs. Il n'y a de variété que dans la nature ; les sentimens vrais inspirent seuls des idées neuves. Quel effet pouvoient produire cette violence monotone, ces termes si forts, qui laissoient l'ame si froide ? *Il est temps de vous révéler la vérité toute entière. La nation étoit ensevelie dans un sommeil pire que la mort ; mais la représentation nationale étoit là. Le peuple est debout*, &c. Ou dans un autre sens : *Le temps des abstractions est passé ; l'ordre social est raffermi sur ses bases*, &c. Je m'arrête; car cette imitation deviendroit aussi fatigante que la réalité même : mais on pourroit extraire des adresses, des journaux et des discours, des pages nombreuses, dans lesquelles on verroit la parole marcher sans la pensée, sans le sentiment, sans la vérité, comme une espèce de litanie, comme si l'on exorcisoit avec des phrases convenues l'éloquence et la raison.

Quel talent pouvoit s'élever à travers tant de mots absurdes, insignifians, exagérés ou faux, ampoulés ou grossiers? Comment arriver à l'ame endurcie contre les paroles par tant d'expressions mensongères? Comment convaincre la raison fatiguée par l'erreur, et devenue soupçonneuse par les sophismes? Les individus des mêmes partis, liés entr'eux par des intérêts d'une importante solidarité, se sont accoutumés en France à ne regarder les discours que comme le mot d'ordre qui doit rallier des soldats servant dans la même cause.

L'esprit seroit moins faussé, l'éloquence ne seroit point perdue, si l'on s'étoit contenté de commander, dans les délibérations comme à la guerre, par le simple signe de la volonté. Mais en France, la force, en recourant à la terreur, a voulu cependant y joindre encore une espèce d'argumentation ; et la vanité de l'esprit s'unissant à la véhémence du caractère, s'est empressée de justifier, par des discours, les doctrines les plus absurdes et les actions les plus injustes. A qui ces discours étoient-ils destinés? Ce n'étoit pas aux victimes ; il étoit difficile de les convaincre de l'utilité de leur malheur : ce n'étoit pas aux tyrans ; ils ne se décidoient par aucun des argumens dont ils se servoient eux-mêmes : ce n'étoit pas à la postérité ; son inflexible jugement est celui de la nature des choses. Mais on vouloit s'aider du fanatisme politique, et mêler dans quelques têtes ce que certains principes ont de vrai, avec les conséquences iniques et féroces que les passions savoient en tirer. Ainsi l'on créoit un despotisme raisonneur, mortellement fatal à l'empire des lumières.

Le son pur de la vérité qui fait éprouver à l'ame un sentiment si doux et si exalté, ces expressions justes et nobles d'un cœur content de lui, d'un esprit de bonne-foi, d'un caractère sans reproches, on ne savoit à quels hommes, à quelles opinions les adresser, sous quelle voûte les faire entendre, et la fierté naturelle à la franchise, portoit au silence bien plutôt qu'à d'inutiles efforts.

La première des vérités, la morale, est aussi la source la plus féconde de l'éloquence; mais lorsqu'une philosophie licencieuse se plaît à tout rabaisser pour tout confondre, quelle vertu votre voix peut-elle encore honorer? Que rendrez-vous éclatant dans ces ténèbres? Que ferez-vous sortir de cette poussière? Comment donnerez-vous de l'enthousiasme aux hommes qui ne craignent ni n'espèrent rien de la renommée, et ne reconnoissent plus entr'eux les mêmes principes pour juges des mêmes actions?

La morale est inépuisable en sentimens, en idées heureuses pour l'homme de génie qui sait s'en pénétrer; c'est avec cet appui qu'il se sent fort, et s'abandonne sans crainte à son inspiration. Ce que les anciens appeloient l'esprit divin, c'étoit sans doute la conscience de la vertu dans l'ame du juste, la puissance de la vérité réunie à l'éloquence du talent. Mais, de nos jours, tant d'hommes craignoient de se livrer à la morale, de peur de la trouver accusatrice de leur propre vie! tant d'hommes n'admettoient aucune idée générale, avant de l'avoir comparée avec leurs actions et leurs intérêts particuliers! D'autres, sans inquiétudes sur eux-mêmes, mais ne voulant point blesser les souvenirs de quelques-uns de leurs auditeurs, n'osoient parler avec enthousiasme de la justice et de l'équité; ils essayoient de présenter la morale avec détour, de lui donner la forme de l'utilité politique, de voiler les principes, de transiger à-la-fois avec l'orgueil et les remords qui s'avertissent mutuellement de leurs irritables intérêts.

Le crime pouvoit troubler le jugement, dérouter la raison à force de véhémence; mais la vertu n'osoit se développer toute entière : elle vouloit convaincre, et craignoit d'offenser. On ne peut être éloquent, dès qu'il faut s'abstenir de la vérité.

Les barrières imposées par des convenances respectables servent, comme je l'ai dit, aux succès mêmes de l'éloquence; mais lorsque, par condescendance pour l'injustice ou l'égoïsme, l'on est obligé de réprimer les mouvemens d'une ame élevée, lorsque ce sont non-seulement les faits et leur application qu'il faut éviter, mais jusqu'aux considérations générales qui pourroient offrir à la pensée tout l'ensemble des idées vraies, toute l'énergie des sentimens honnêtes, aucun homme soumis à de telles contraintes ne peut être éloquent, et l'orateur encore estimable, qui doit parler dans de telles circonstances, choisira naturellement les phrases usées, celles sur lesquelles l'expérience des passions a été déjà faite, celles qui, reconnues inoffensives, passent à travers toutes les fureurs sans les exciter.

Les factions servent au développement de l'éloquence, tant que les factieux ont besoin de l'opinion des hommes impartiaux, tant qu'ils se disputent entr'eux l'assentiment volontaire de la nation ; mais quand les mouvemens politiques sont arrivés à ce terme où la force seule décide entre les partis, ce qu'ils y adjoignent de moyens de paroles, de ressources de discussion, perd l'éloquence et dégrade l'esprit au lieu de le développer. Parler dans le sens du pouvoir injuste, c'est s'imposer la servitude la plus détaillée. Il faut soutenir chaque absurdité dont est formée la longue chaîne qui conduit à la résolution coupable ; et le caractère resteroit, s'il est possible, plus intact encore après des actions blâmables que la colère auroit inspirées, qu'après ces discours dans lesquels la bassesse ou la cruauté se distillent goutte à goutte avec une sorte d'art que l'on s'efforce de rendre ingénieux.

Quelle honte cependant que de montrer de l'esprit à l'appui des actes de rigueur ou de servitude ! quelle honte d'avoir encore de l'amour-propre quand on n'a plus de fierté ! de penser à ses succès quand on sacrifie le bonheur des autres ! de mettre enfin au service du pouvoir injuste cette sorte de talent sans conscience, qui prête aux hommes puissans les idées et les expressions comme des satellites de la force, chargés de faire faire place en avant de l'autorité !

Personne ne contestera que l'éloquence ne soit tout-à-fait dénaturée en France depuis plusieurs années; mais beaucoup affirmeront qu'il est impossible qu'elle renaisse et se perfectionne. D'autres prétendront que le talent oratoire est nuisible au repos, à la liberté même d'un pays. Ce sont ces deux erreurs que je crois utile de réfuter.

Dans quel espoir desirez-vous, pourroit-on me dire, que des hommes éloquens se fassent entendre ? L'éloquence ne peut se composer que d'idées morales et de sentimens vertueux : et dans quels cœurs retentiroient maintenant des paroles généreuses ? Après dix ans de révolution, qui s'émeut encore pour la vertu, la délicatesse, ou même la bonté ? Cicéron, Démosthène, les plus grands orateurs de l'antiquité, s'ils existoient de nos jours, pourroient-ils agiter l'imperturbable sang-froid du vice ? feroient-ils baisser ces regards que la présence d'un honnête homme ne trouble plus ? Dites à ces tranquilles possesseurs des jouissances de la vie, que leurs intérêts sont menacés, et vous inquiéterez leur ame impassible ; mais que leur apprendroit l'éloquence ? Elle invoqueroit contre eux le mépris de la vertu ; et depuis long-temps ne savent ils pas que chacun de leurs jours en est couvert ? Vous adresserez-vous aux hommes avides d'acquerir de la fortune, nouveaux qu'ils sont aux habitudes comme aux jouissances qu'elle permet ? Si vous leur inspiriez un instant de nobles desseins, le courage leur manqueroit pour les accomplir. N'ont-ils pas à rougir de leur déplorable vie ? Il est sans force, l'homme à qui l'on peut reprocher des bassesses : ne craint-il pas toutes les voix qui peuvent l'accuser ? Ne craint-il pas la justice, la liberté, la morale, tout ce qui rend à l'opinion sa force et à la vérité son rang ? Voulez-vous du moins faire entendre aux caractères haineux quelques paroles de bienveillance ? Vous serez également repoussé. Si vous parlez au nom de la puissance, ils vous écouteront avec respect, quel que soit votre langage ; mais si vous réclamez pour le foible, si votre nature généreuse vous fait préférer la cause délaissée par la faveur et recueillie par l'humanité, vous n'exciterez que le ressentiment de la faction dominante. Vous vivez dans un temps où l'on est indigné contre le malheur, irrité contre l'opprimé, où la colère s'enflamme à l'aspect du vaincu, où l'on s'attendrit, où l'on s'exalte pour le pouvoir, dès qu'on entre en partage avec lui.

Que fera l'éloquence au milieu de tels sentimens, l'éloquence à laquelle il faut, pour être touchante et sublime, un péril à braver, un malheureux à défendre, et la gloire pour prix du courage? En appellera-t-elle à la nation? Hélas! cette nation malheureuse n'a-t-elle pas entendu prodiguer les noms de toutes les vertus pour défendre tous les crimes? Pourra-t-elle encore reconnoître l'accent de la vérité? Les meilleurs citoyens reposent dans la tombe, et la multitude qui reste ne vit plus ni pour l'enthousiasme, ni pour la gloire, ni pour la morale; elle vit pour le repos que troubleroient presque également et les fureurs du crime, et les généreux élans de la vertu.

Ces objections pourroient décourager pendant quelque temps mon espérance; néanmoins il me paroît impossible que tout ce qui est bien en soi n'acquière pas à la fin un grand ascendant, et je crois toujours que ce sont les orateurs ou les écrivains qu'il faut accuser, lorsque des discours prononcés au milieu d'un très-grand nombre d'hommes, ou des livres qui ont le public entier pour juge, ne produisent aucun effet.

Sans doute quand vous vous adressez à quelques individus réunis par le lien d'un intérêt commun, ou d'une crainte commune, aucun talent ne peut agir sur eux; ils ont depuis long-temps tari dans leurs cœurs la source naturelle qui peut sortir du rocher même à la voix d'un prophète divin; mais quand vous êtes entourés d'une multitude qui contient tous les élémens divers, les hommes impartiaux, les hommes sensibles, les hommes foibles qui se rassurent à côté des hommes forts, si vous parlez à la nature humaine, elle vous répondra; si vous savez donner cette commotion électrique dont l'être moral contient aussi le principe, ne craignez plus ni le sang-froid de l'insouciant, ni la moquerie du perfide, ni le calcul de l'égoïste, ni l'amour-propre de l'envieux; toute cette multitude est à vous. Echappe-t-elle aux beautés de l'art tragique, aux sons divins d'une musique céleste, à l'enthousiasme des chants guerriers? pourquoi donc se refuseroit-elle à l'éloquence? L'ame a besoin d'exaltation; saisissez ce penchant, enflammez ce desir, et vous enleverez l'opinion.

Quand on se rappelle les visages froids et composés que l'on rencontre dans le monde, j'en conviens, on croit impossible de remuer les cœurs ; mais la plupart des hommes connus sont engagés par leurs actions passées, par leurs intérêts, par leurs relations politiques. Jetez les yeux sur une foule nombreuse; combien ne vous arrive-t-il pas de rencontrer des traits dont l'expression amie, dont la douceur, dont la bonté vous présagent une ame encore ignorée, qui entendroit la vôtre, et céderoit à vos sentimens ! Eh bien ! cette foule vous représente la véritable nation. Oubliez ce que vous savez, ce que vous redoutez de tels ou tels hommes ; livrez-vous à vos pensées, à vos émotions ; voguez à pleines voiles, et malgré tous les écueils, tous les obstacles, vous arriverez; vous entraînerez avec vous toutes les affections libres, tous les esprits qui n'ont reçu ni l'empreinte d'aucun joug, ni le prix de la servitude.

Mais par quels moyens peut-on se flatter

de perfectionner l'éloquence, s'il est vrai que l'on puisse encore en espérer quelques succès ? L'éloquence appartenant plus aux sentimens qu'aux idées, paroît moins susceptible que la philosophie de progrès indéfinis. Cependant, comme les pensées nouvelles développent de nouveaux sentimens, les progrès de la philosophie doivent fournir à l'éloquence de nouveaux moyens.

Les idées intermédiaires peuvent être tracées d'une manière plus rapide, lorsque l'enchaînement d'un très-grand nombre de vérités est généralement connu; l'intervalle des morceaux de mouvemens peut être rempli par des raisonnemens forts, l'esprit peut être constamment soutenu dans la région des pensées hautes ; et l'on peut l'intéresser par des réflexions morales, universellement comprises, sans être devenues communes. Ce qui est sublime dans quelques discours anciens, ce sont les mots que l'on ne peut ni prévoir, ni oublier, et qui laissent trace dans les siècles, comme de belles actions. Mais si la méthode et la précision du raisonnement, le style, les idées accessoires sont susceptibles de perfectionnement, les discours des modernes peuvent acquérir, par leur ensemble, une grande supériorité sur les modèles de l'antiquité ; et ce qui appartient à l'imagination même, produiroit nécessairement plus d'effet, si rien n'affoiblissoit cet effet, si tout servoit au contraire à l'accroître.

Dans ce qui caractérise l'éloquence, le mouvement qui l'inspire, le génie qui la développe, il faut une grande indépendance, au moins momentanée, de tout ce qui nous environne ; il faut s'élever au-dessus du danger, s'il existe, de l'opinion que l'on attaque, des hommes que l'on combat, de tout, hors sa conscience et la postérité. Les pensées philosophiques vous placent naturellement à cette élévation où l'expression de la vérité devient si facile, où l'image, où la parole énergique qui peut la peindre se présentent aisément à l'esprit animé du feu le plus pur.

Cette élévation n'ôte rien à la vivacité des sentimens, à cette ardeur si nécessaire à l'éloquence, à cette ardeur qui seule lui donne un accent, une énergie irrésistibles, un caractère de domination que les hommes reconnoissent souvent malgré eux, que souvent ils contestent, mais dont ils ne peuvent jamais se défendre.

Si vous supposez un homme que la réflexion ait rendu tout-à-fait insensible aux événemens qui l'environnent, un caractère semblable à celui d'Epictète ; son style, s'il écrit, ne sera point éloquent ; mais lorsque l'esprit philosophique règne dans la classe éclairée de la société, il s'unit aux passions les plus véhémentes ; ce n'est pas le résultat du travail de chaque homme sur lui-même ; c'est une opinion établie dès l'enfance, une opinion qui, se mêlant à tous les sentimens de la nature, agrandit les idées sans refroidir les ames. Un très-petit nombre d'hommes se vouoit, chez les anciens, à cette morale stoïcienne qui réprimoit tous les mouvemens du cœur : la philosophie des modernes, quoiqu'elle agisse plus sur l'esprit que sur le caractère, n'est qu'une manière de considérer tous les objets de la vie ; cette manière de voir étant adoptée par les hommes éclairés, influe sur la teinte générale des idées, ne triomphe pas des affections ; elle ne parvient à détruire ni l'amour, ni l'ambition, ni aucun de ces intérêts instantanés dont l'imagination des hommes ne cesse point de s'occuper, alors même que leur raison en est détrompée : mais cette philosophie purement méditative jette dans la peinture des passions un caractère de mélancolie qui donne à leur langage un nouveau degré de profondeur et d'éloquence.

Ce sentiment de mélancolie que chaque siècle doit développer de plus en plus dans le cœur humain, peut donner à l'éloquence un très-grand caractère. L'homme le plus ardent pour ce qu'il souhaite, lorsqu'il est doué d'un génie supérieur, se sent au-dessus du but quelconque qu'il poursuit ; et cette idée vague et sombre revêt les expressions d'une couleur qui peut être à-la-fois imposante et sensible.

Mais si les vérités morales parviennent un jour à la démonstration, et que la langue qui doit les exprimer arrive presque à la précision mathématique, que deviendra l'éloquence ? Tout ce qui tient à la vertu dérivant d'une autre source, ayant un autre principe que le raisonnement, l'éloquence régnera toujours dans l'empire qu'elle doit posséder. Elle ne s'exercera plus sur tout ce qui a rapport aux sciences politiques et métaphysiques, sur toutes les idées abstraites de quelque nature qu'elles soient; mais elle n'en sera que plus honorée : car on ne pourra plus la présenter comme dangereuse si elle se concentre dans son foyer naturel, dans la puissance des sentimens sur notre ame.

Il s'établit depuis quelque temps un système absurde relativement à l'éloquence ; frappé de tous les abus qu'on a faits de la parole depuis la révolution, l'on déclame contre l'éloquence; l'on veut prémunir contre ce danger qui, certes, n'est pas encore imminent; et comme si la nation française étoit condamnée à parcourir sans cesse tout le cercle des idées fausses, parce que des hommes ont soutenu violemment et souvent même grossièrement de très-injustes causes, on ne veut plus que des esprits droits appellent les sentimens au secours des idées justes.

Je crois, au contraire, qu'on pourroit soutenir que tout ce qui est éloquent est vrai; c'est-à-dire, que dans un plaidoyer en faveur d'une mauvaise cause, ce qui est faux, c'est le raisonnement ; mais que l'éloquence proprement dite est toujours fondée sur une vérité; il est facile ensuite de dévier dans l'application, ou dans les conséquences de cette vérité; mais c'est alors dans le raisonnement que consiste l'erreur. L'éloquence ayant toujours besoin du mouvement de l'ame, ne s'adresse qu'aux sentimens des hommes, et les sentimens de la multitude sont toujours pour la vertu. Il est souvent arrivé de séduire un individu, en lui parlant seul, par des motifs malhonnêtes; mais l'homme en présence des hommes, ne cède qu'à ce qu'il peut avouer sans rougir.

Le fanatisme de la religion ou de la politique a fait commettre d'horribles excès, en remuant les assemblées par des paroles incendiaires; mais c'étoit la fausseté du raisonnement, et non le mouvement de l'ame, qui rendoit ces paroles funestes.

Ce qui est éloquent dans le fanatisme de

la religion, ce sont les sentimens qui conseillent le sacrifice de soi-même pour ce qui est bien, pour ce qui peut plaire à l'Être bienfaisant, protecteur de cet Univers; mais ce qui est faux, c'est le raisonnement qui vous persuade qu'il est bien d'assassiner ceux qui diffèrent de vos opinions, et qu'une intelligence d'une vertu suprême exige de tels attentats.

Ce qui est vrai dans le fanatisme politique, c'est l'amour de son pays, de la liberté, de la justice, égale pour tous les hommes, comme la providence éternelle; mais ce qui est faux, c'est le raisonnement qui justifie tous les crimes pour arriver au but que l'on croit utile.

Examinez tous les sujets de discussion parmi les hommes, tous les discours célèbres qui ont fait partie de ces discussions, et vous verrez que l'éloquence se fondoit toujours sur ce qu'il y avoit de vrai dans la question, et que le raisonnement seul la dénaturoit, parce que le sentiment ne peut errer en lui-même, et que les conséquences que l'argumentation tire du sentiment sont les seules erreurs possibles. Ces erreurs subsisteront tant que la langue de la logique ne sera pas fixée de la manière la plus positive, et mise à la portée du plus grand nombre.

Il est encore, je le sais, beaucoup d'argumens qu'on pourroit essayer de diriger contre l'éloquence. Néanmoins il en est d'elle comme de tous les biens que permet notre destinée : ils ont tous des inconvéniens, que l'on fait ressortir seuls, si le vent de la faction souffle dans ce sens ; mais en se livrant ainsi à l'examen des choses, quel don de la nature paroîtroit exempt de maux ? L'imperfection humaine laisse toujours un côté sans défense ; et la raison n'a d'autre usage que de nous décider pour la majorité des avantages contre telle ou telle objection partielle.

Le raisonnement, dans ses formes didactiques, ne suffit point pour défendre la liberté dans toutes les circonstances ; lorsqu'il faut braver un danger quelconque pour prendre une résolution généreuse, l'éloquence est seule assez puissante pour donner l'impulsion nécessaire dans les grands périls. Un très-petit nombre de caractères vraiment distingués pourroit se décider dans le calme de la retraite par le seul sentiment de la vertu ; mais lorsqu'il faut du courage pour accomplir un devoir, la plupart des hommes, même bons, ne se confient à leur force que quand leur ame est émue, et n'oublient leurs intérêts que quand leur sang est agité. L'éloquence tient lieu de la musique guerrière; elle précipite les ames contre le danger. Les assemblées ont alors le courage et les vertus de l'homme le plus distingué qui soit dans leur sein. Ce n'est que par l'éloquence que les vertus d'un seul deviennent communes à tous ceux qui l'entourent. Si vous interdisiez l'éloquence, une réunion d'hommes seroit toujours conduite par les sentimens les plus vulgaires. Car dans l'état habituel, ces sentimens sont ceux du plus grand nombre, et c'est au talent de la parole que l'on a dû toutes les résolutions nobles et intrépides que les hommes rassemblés ont jamais adoptées.

Si vous interdisiez l'éloquence, vous détruiriez la gloire, il faut que l'on puisse s'abandonner à l'expression de l'enthousiasme pour faire naître ce sentiment dans les autres;

il faut que tout soit libre pourque la louange le soit, pour qu'elle ait ce caractère qui commande à la raison et à la postérité.

Enfin, quand on persisteroit à croire l'éloquence dangereuse, que l'on réfléchisse un moment sur tout ce qu'il faut faire pour l'étouffer, et l'on verra qu'il en est d'elle comme des lumières, comme de la liberté, comme de tous les grands développemens de l'esprit humain. Il se peut que des malheurs soient attachés à ces avantages ; mais pour se préserver de ces malheurs, il faut anéantir tout ce qu'il y a d'utile, de grand et de généreux dans l'exercice des facultés morales. C'est la dernière pensée que je me propose de développer en terminant cet ouvrage.

CHAPITRE IX et dernier.

Conclusion.

La perfectibilité de l'espèce humaine est devenue l'objet des sourires indulgens et moqueurs de tous ceux qui regardent les occupations intellectuelles comme une sorte d'imbécillité de l'esprit, et ne considèrent que les facultés qui s'appliquent instantanément aux intérêts de la vie. Ce systême de perfectibilité est aussi combattu par quelques penseurs ; mais il a sur-tout contre lui dans ce moment en France, ces sentimens irréfléchis, ces affections passionnées qui confondent ensemble les idées les plus contraires, et servent merveilleusement les hommes criminels, en leur supposant des prétextes honorables. Lorsqu'on accuse la philosophie des forfaits de la révolution, l'on rattache d'indignes actions à de grandes pensées, dont le procès est encore pendant devant les siècles. Il vaudroit mieux rendre plus profond encore l'abîme qui sépare le vice de la vertu, réunir l'amour des lumières à celui de la morale, attirer à elle tout ce qu'il y a d'élevé parmi les hommes, afin de livrer le crime à tous les genres de honte, d'ignorance et d'avilissement ; mais quelle que soit l'opinion qu'on ait adoptée sur ces conquêtes du temps, sur cet empire indéfini de la raison, il me semble qu'il est un argument qui convient également à toutes les manières de voir. L'on dit que les lumières et tout ce qui dérive d'elles, l'éloquence, la liberté politique, l'indépendance des opinions religieuses troublent le repos et le bonheur de l'espèce humaine. Mais que l'on réfléchisse sur les moyens qu'il faut employer pour arrêter la tendance des hommes vers les lumières ! Que l'on se demande comment empêcher ce mal, si c'en est un, à moins de recourir à des moyens affreux en eux-mêmes, et définitivement infructueux !

J'ai tenté de montrer avec quelle force la raison philosophique, malgré tous les obstacles, après tous les malheurs, a toujours su se frayer une route, et s'est développée successivement dans tous les pays, dès qu'une tolérance quelconque, quelque modifiée qu'elle pût être, a permis à l'homme de penser. Comment donc forcer l'esprit humain à rétrograder, et lors même qu'on auroit obtenu ce triste succès, comment prévenir toutes les circonstances qui pourroient donner aux facultés morales une impulsion nouvelle ? On desire d'abord, et les rois mêmes sont de cet avis, que la littérature et les arts fassent des progrès. Or, ces progrès tiennent nécessairement à toutes les pensées qui doivent mener la réflexion beaucoup au-delà des sujets qui l'ont fait naître. Dès que les ouvrages de littérature ont pour but de remuer l'ame, ils approchent nécessairement des idées philosophiques, et les idées philosophiques conduisent à toutes les vérités. Quand on imiteroit l'inquisition d'Espagne et le despotisme de Russie, il faudroit encore être assuré que dans aucun pays de l'Europe, il ne s'établira d'autres institutions; car les simples rapports de commerce, même lorsqu'on interdiroit les autres, finiroient par communiquer à un pays les lumières des pays voisins.

Les sciences physiques ayant pour but une utilité immédiate, aucun gouvernement ne veut ni ne peut les interdire ; et comment l'étude de la nature ne banniroit-elle pas la croyance de certains dogmes ? comment l'indépendance religieuse ne conduiroit-elle pas au libre examen de toutes les autorités de la terre ? On peut, dira-t-on, reprimer les excès sans entraver la raison. Qui réprimera ces excès ? — le gouvernement. — Peut-il jamais être considéré comme une puissance impartiale ? et les bornes qu'il voudra poser aux recherches de la pensée ne seront-elles pas précisément celles que les esprits ardens voudront franchir ?

Si vous portez une nation vers les amusemens et les voluptés, si vous énervez en elle toutes les qualités fortes et courageuses pour la détourner de la pensée, qui vous défendra contre des voisins belliqueux ? Si vous échappez à la conquête, tous les vices néanmoins s'introduiront chez vous, parce qu'il n'existera plus parmi les hommes que le seul intérêt du plaisir, et par conséquent de la fortune. Or, parmi les mobiles d'action, il n'en est point qui avilisse et déprave davantage. Si vous inspirez à tous l'amour de la guerre, peut-être ferez-vous renaître le mépris de la pensée; mais tous les maux de la féodalité péseront sur vous. Il y a plus, la passion des armes trompera bientôt votre espoir. Dès que vous donnez à l'ame une impulsion forte, vous ne pouvez arrêter son essor. La valeur guerrière, cette qualité qui produit toujours un enthousiasme nouveau, cette qualité qui réunit tout ce qui peut frapper l'imagination, énivrer l'ame, la valeur guerrière que vous appelez à l'aide du despotisme, inspire l'amour de la gloire, et l'amour de la gloire devient bientôt le plus terrible ennemi de ce despotisme. Les mots les plus remarquables, les discours les plus éclatans ont été prononcés à la veille des batailles, au milieu de leurs dangers, dans ces circonstances périlleuses qui élèvent l'homme courageux et développent en lui toutes ses facultés à la fois. Cette éloquence des combats est bientôt imitée dans les luttes civiles. Dès que les sentimens généreux, de quelque nature qu'ils soient, peuvent s'exprimer sans contrainte, l'éloquence, ce talent qu'il semble si facile d'étouffer, puisqu'il est si rare d'y atteindre, renaît, grandit, se développe et s'empare de tous les sujets importans.

Par-tout où il a existé quelques institutions sages, soit pour améliorer l'administration, soit pour garantir la liberté civile ou la tolérance religieuse, soit pour exciter le courage et la fierté nationale, les progrès des lumières se sont aussi-tôt signalés. Ce n'est que par la servitude et l'avilissement le plus absolu, qu'on peut les combattre avec succès. Les tremblemens de terre de la Calabre, la peste de la Turquie, les glaces éternelles de la Russie et du Kamtschatka, tous les fléaux de la nature enfin, sont les véritables alliés du système qui voudroit arrêter le développement des facultés de l'homme. Il faut invoquer tous les malheurs et tous les vices pour empêcher les nations de s'éclairer.

Tout ce que l'on dit pour et contre les lumières ressemble aux inconvéniens et aux avantages qu'on peut attribuer à la vie. Si l'on pouvoit faire goûter à l'homme la sorte de repos dont jouissent les êtres qui n'ont reçu de la nature que l'existence physique, ce seroit un bien peut-être, puisque la faculté de souffrir seroit diminuée. Mais pour réduire l'homme à cet état, il faut le tourmenter sans cesse ; car tendant toujours à y échapper par la force même de la nature, pour arrêter cette tendance, il faut le précipiter par la douleur dans l'abrutissement. L'on peut donc dire aux ennemis comme aux partisans des lumières, qu'il est un point sur lequel ils doivent également s'accorder, s'ils sont amis de l'humanité; c'est sur l'impossibilité de contraindre le cours naturel de l'esprit humain, sans accabler les hommes de maux bien plus funestes encore que tous ceux dont on peut accuser les progrès des lumières.

Ces progrès, au contraire, sagement conduits, ne sont jamais qu'une source de biens et de jouissances : si la plupart des hommes ont senti le besoin d'un avenir par-delà cette vie, d'un appel à l'inconnu dans les tourmens de l'ame, ne faut-il pas, dans les intérêts mêmes du monde, un principe de décision entre les opinions diverses, qui n'ont aucun rapport direct avec la morale, et sur lesquelles elle ne prononce point ? Les vérités philosophiques ont sur l'esprit éclairé qui les admet, le même empire que la vertu sur une ame honnête. Ces vérités sont un mobile d'émulation indépendant des circonstances, un but qui console des revers, et ne soumet pas le bonheur au succès. Si la route de la pensée vers le perfectionnement des facultés n'étoit pas impérieusement tracée, il faudroit donc observer sans cesse l'opinion qui domine chaque jour, se consumer dans le calcul qui peut démontrer l'avantage actuel d'une résolution, se consumer aussi dans le regret, si cette résolution n'a point d'effets immédiatement utiles ; quel travail pourroit-on faire alors sur soi-même qui n'avilît et ne dégradât la raison ? Qu'est-ce que l'homme s'il se soumet à suivre les passions des hommes, s'il ne recherche pas la vérité pour elle-même, s'il ne marche pas toujours vers les hauteurs des pensées et des sentimens ? Il faut à toutes les carrières un avenir lumineux vers lequel l'ame s'élance ; il faut aux guerriers la gloire, aux penseurs la liberté, aux hommes sensibles un Dieu. Il ne faut point étouffer ces mouvemens d'enthousiasme, il ne faut rabaisser aucun genre d'exaltation ; le législateur doit se proposer pour but de réunir ce qui est bien dans une carrière, à ce qui est bien encore dans une autre, de contenir la liberté par la vertu, l'ambition par la gloire. Il doit diriger les lumières par le raisonnement, soumettre le raisonnement à l'humanité, et rassembler dans un même foyer tout ce que la nature a de forces utiles, de bons sentimens, de facultés efficaces, pour combiner ensemble tous les pouvoirs de l'ame, au lieu de réduire l'esprit à combattre contre son propre développement, d'enchaîner une passion non par une vertu, mais par une passion contraire, et d'opposer le mal au mal, tandis que le sentiment de la moralité peut tout réunir.

Quel présent du ciel que la moralité ! C'est elle qui sert à connoître tout ce qu'il y a de bien dans la nature; c'est elle qui peut seule ajouter à tous les biens de la vie, la durée et le repos. Ce que l'on admire dans les grands hommes, ce n'est jamais que la vertu sous la forme de la gloire. Plusieurs, il est vrai, ont commis des actes criminels, et la médiocrité qui confond tout, se persuade que les forfaits d'un homme de génie ont illustré sa destinée. Mais si l'on examine la cause de l'admiration, l'on verra que c'est toujours de la morale qu'elle dérive. Dans cette imperfection, à laquelle la nature humaine est condamnée, des qualités fortes et généreuses font oublier des égaremens terribles, pourvu que le caractère de la grandeur reste encore imprimé sur le front du coupable, que vous sentiez les vertus à travers les passions, que votre ame enfin se confie à ces hommes extraordinaires, souvent condamnables, souvent redoutés ; mais qui, néanmoins, fidèles à quelques nobles idées, n'ont jamais trahi le malheur, ni frémi devant le danger. Oui, tout est moralité dans les sources de l'enthousiasme ; le courage militaire, c'est le sacrifice de soi ; l'amour de la gloire, c'est le besoin exalté de l'estime ; l'exercice des hautes facultés de l'esprit, c'est le bonheur des hommes qu'il a pour but ; car on ne trouve que dans le bien un espace suffisant pour la pensée. Enfin, qu'on se rappelle les noms illustres que les siècles nous ont transmis, et l'on verra qu'il n'en est aucun dont l'histoire n'enseigne au moins une vertu.

La morale et les lumières, les lumières et la morale s'entr'aident mutuellement. Plus votre esprit s'élève, plus vous avez honte d'avoir cru qu'il existoit quelque sagacité dans ce qui n'étoit pas la morale, quelque grandeur dans les résolutions qui ne l'avoient pas pour objet, quelque stabilité dans les plans dont elle n'étoit pas le but. Quand le cercle des relations s'agrandit, la moralité devient du talent, puis du génie, puis le sublime du caractère et de la raison. Sans doute on ne peut se promettre avec certitude de marcher sans foiblesse dans cette noble carrière; mais ce qu'on peut, ce qu'on doit à l'espèce humaine, c'est de diriger tous ses moyens, c'est d'invoquer tous ceux des autres, pour répéter aux hommes, qu'étendue d'esprit et profondeur de morale, sont deux qualités inséparables; et que loin que la destinée vous condamne à faire un choix entre le génie et la vertu, elle se plaît à renverser successivement de mille manières tous les talens qui voguent au hasard sans ce guide assuré.

Il n'est pas vrai non plus que la morale existe d'une manière plus stable parmi les hommes peu éclairés ; il suffit de la probité sans des talens supérieurs, pour se diriger dans les circonstances ordinaires de la vie ; mais dans les places éminentes, les lumières véritables sont la meilleure garantie de la morale. On se trompe sans cesse sur l'esprit dans ses rapports avec les grandes conceptions politiques. Est-ce de l'esprit que l'art de tromper ? Est-ce de l'esprit que l'art de tourmenter les individus et les nations ? Est-ce de l'esprit que de gouverner sa fortune selon les intérêts d'une avide personnalité ? Que reste-t-il de tous ces efforts ? Souvent des revers et toujours du malheur au-dedans de soi; mais l'esprit vraiment remarquable, mais une intelligence éclairée, c'est l'homme qui choisit le bien et sait le faire, pour qui la vérité est une puissance de gouvernement, et la générosité un moyen de force. Tels on nous peint les grands hommes de l'antiquité, ils ennoblissoient, ils élevoient la nation qui vouloit suivre leurs pas, et leurs contemporains croyoient à la vertu ; c'est à ces signes qu'on peut reconnoître un esprit transcendant ; et pour former cet esprit, il faut la plus imposante des réunions, les lumières et la morale.

J'ai tâché de rassembler, dans cet ouvrage, tous les motifs qui peuvent faire aimer les progrès des lumières, convaincre de l'action nécessaire de ces progrès, et par conséquent engager les bons esprits à diriger cette force irrésistible, dont la cause existe dans la nature morale, comme dans la nature physique est renfermé le principe du mouvement : l'avouerai-je cependant ? à chaque page de ce livre où reparoissoit cet amour de la philosophie et de la liberté, que n'ont encore étouffé dans mon cœur ni ses ennemis, ni ses amis, je redoutois sans cesse qu'une injuste et perfide interprétation ne me représentât comme indifférente aux crimes que je déteste, aux malheurs que j'ai secourus de toute la puissance que peut avoir encore l'esprit sans adresse, et l'ame sans déguisement.

D'autres bravent la malveillance, d'autres opposent à ses calomnies, ou la froideur, ou le dédain; pour moi, je ne puis me vanter de ce courage, je ne puis dire à ceux qui m'accuseroient injustement, qu'ils ne troubleroient point ma vie. Non, je ne puis le dire, et soit que j'excite ou que je désarme l'injustice, en avouant sa puissance sur mon bonheur, je n'affecterai point une force d'ame que démentiroit chacun de mes jours. Je ne sais quel caractère il a reçu du ciel, celui qui ne desire pas le suffrage des hommes, celui qu'un regard bienveillant ne remplit pas du sentiment le plus doux, et qui n'est pas contristé par la haine, long-temps avant de retrouver la force qu'il faut pour la mépriser.

Néanmoins cette foiblesse de cœur ne doit altérer en rien le jugement que l'on porte sur les idées générales. A quelque peine que l'on puisse s'exposer en l'exprimant, il faut la braver; l'on ne développe utilement que les principes dont on est intimement convaincu. Les opinions que vous voudriez soutenir contre votre persuasion, vous ne pourriez ni les approfondir par l'analyse, ni les animer par l'expression. Plus l'esprit est naturel, plus il est incapable de conserver aucune force, quand l'appui de la conviction lui manque. L'on doit donc s'affranchir, s'il se peut, des craintes douloureuses qui pourroient troubler l'indépendance des méditations ; confier sa vie à la morale, son bonheur à ceux qu'on aime, et ses pensées au temps, au temps, l'allié fidèle de la conscience et de la vérité.

Quel triste et douloureux appel toutefois, pour les ames qui auroient besoin d'obtenir chaque jour l'approbation constante de tous ceux qui les environnent ! Ah ! qu'on étoit heureux il y a dix années, lorsqu'entrant dans le monde plein de confiance dans ses forces, dans les amis qui s'offroient à vous, dans la vie qui n'avoit point encore démenti ses promesses, on ne rencontroit ni des partis injustes, ni des haines envenimées, ni des rivaux, ni des jaloux ; l'on n'étoit alors, aux regards de tous, qu'une espérance ; et qui n'accueille pas l'espérance ! Mais dix ans après la route de l'existence est déjà profondément tracée; les opinions qu'on a montrées ont heurté des intérêts, des passions, des sentimens, et votre ame et votre pensée n'osent plus s'abandonner en présence de tous ces juges irrités : l'imagination peut-elle résister à cette foule de souvenirs pénibles qui vous assiégent à tous les momens? La réflexion les domine ; mais je le crains bien, il n'est plus possible de conserver ce caractère jeune, ce cœur ouvert à l'amitié, cette ame, non encore blessée, qui coloroit le style, quelque imparfait qu'il pût être, par des expressions sensibles et confiantes.

Tel qu'il est cependant, je le publie, cet ouvrage : alors qu'on a cessé d'être inconnue, encore vaut-il mieux donner de ce qu'on peut être une idée vraie, que de s'en remettre au perfide hasard des inventions calomnieuses. Mais qu'on voudroit, au prix de la moitié de la vie qui reste à parcourir, ne pas être entrée dans la carrière des lettres et de la publicité qu'elles entraînent ! Les premiers pas qu'on fait dans l'espoir d'atteindre à la réputation sont pleins de charmes, on est satisfaite de s'entendre nommer, d'obtenir un rang dans l'opinion, d'être placée sur une ligne à part; mais si l'on y parvient, quelle solitude, quel effroi n'éprouve-t-on pas ! on veut rentrer dans l'association commune, il n'est plus temps. L'on peut aisément perdre le peu d'éclat qu'on avoit acquis; mais il n'est plus possible de retrouver l'accueil bienveillant qu'obtiendroit l'être ignoré. Qu'il importe de veiller sur la première impulsion qu'on donne au cours de sa destinée ! c'est elle qui peut sans retour éloigner du bonheur. Vainement les goûts se modifient, les inclinations changent ainsi que le caractère, il faut rester la même puisqu'on vous croit la même; il faut tâcher d'avoir quelques succès nouveaux puisqu'on vous hait encore pour les succès passés; il faut traîner cette chaîne des souvenirs de vos premières années, des jugemens qu'on a portés sur vous, de l'existence enfin telle qu'on vous la suppose, telle qu'on croit que vous la voulez. Vie malheureuse et trois fois malheureuse ! qui éloigne peut-être de vous des êtres que vous auriez aimés, qui seroient attachés à vous, si de vains bruits n'avoient épouvanté les affections qui se nourrissent du calme et du silence. Il faut néanmoins user la trame de cette vie telle qu'elle est formée, puisque l'imprudence de la jeunesse en a tissu les premiers fils, et chercher dans les liens chéris qui nous restent et dans les plaisirs de la pensée, quelques secours contre les blessures du cœur.

Je sais combien il est facile de me blâmer de mêler ainsi les affections de mon ame aux idées générales que doit contenir ce livre ; mais je ne puis séparer mes idées de mes sentimens ; ce sont les affections qui nous excitent à réfléchir, ce sont elles qui peuvent seules donner à l'esprit une pénétration rapide et profonde. Les affections modifient toutes nos opinions sur tous les sujets, l'on aime tels ouvrages parce qu'ils répondent à des douleurs, à des souvenirs qui disposent de nous-mêmes à notre insçu. L'on admire avant tout certains écrits, parce que seuls ils ont ému toutes les puissances morales de notre être. Les esprits froids voudroient qu'on ne leur présentât que les apperçus de la raison, sans y joindre ces mouvemens, ces regrets, ces égaremens de la rêverie qui n'exciteront jamais leur intérêt; je me résigne à leur critique. En effet, comment pourrois-je l'éviter? comment distinguer son talent de son ame? comment écarter ce qu'on éprouve et se retracer ce que l'on pense? comment imposer silence aux sentimens qui vivent en nous, et ne perdre cependant aucune des idées que ces sentimens nous ont fait découvrir? quels seroient les écris qui pourroient résulter de ces continuels efforts? et ne vaut-il pas mieux se livrer à tous les défauts que peut entraîner l'irrégularité de l'abandon naturel?

F I N.

TABLE DES CHAPITRES.

TOME PREMIER.

Préface de la seconde Edition... Page 1
Discours préliminaire............. 27

PREMIÈRE PARTIE.

De la Littérature chez les Anciens et chez les Modernes.

CHAPITRE PREMIER.

De la première Epoque de la Littérature des Grecs.................. 83

CHAPITRE II.

Des Tragédies grecques............ 110

CHAPITRE III.

De la Comédie grecque............ 131

CHAPITRE IV.

De la Philosophie et de l'Eloquence des Grecs. 139

CHAPITRE V.

De la Littérature latine, pendant que la République Romaine duroit encore. 157

CHAPITRE VI.

De la Littérature latine sous le règne d'Auguste. 190

CHAPITRE VII.

De la Littérature latine, depuis la mort d'Auguste jusqu'au règne des Antonins. . . . 205

CHAPITRE VIII.

De l'invasion des Peuples du Nord, de l'établissement de la Religion Chrétienne, et de la renaissance des Lettres. 219

CHAPITRE IX.

De l'Esprit général de la Littérature chez les Modernes. 250

CHAPITRE X.

De la Littérature Italienne et Espagnole. . 264

CHAPITRE XI.

De la Littérature du Nord. 296

CHAPITRE XII.

Du principal défaut qu'on reproche, en France, à la Littérature du Nord. 313

CHAPITRE XIII.

Des Tragédies de Shakespear. 320

CHAPITRE XIV.

De la Plaisanterie anglaise. 344

CHAPITRE XV.

De l'imagination des Anglais dans leurs Poésies et leurs Romans. 357

CHAPITRE XVI.

De la Philosophie et de l'Eloquence des Anglais. 377

SUITE DE LA PREMIÈRE PARTIE.

TOME SECOND.

CHAPITRE XVII.

De la Littérature allemande.. ..... Page 1

CHAPITRE XVIII.

Pourquoi la Nation Française étoit-elle la Nation de l'Europe qui avoit le plus de grace, de goût et de gaîté ? ....,........ 32

CHAPITRE XIX.

De la Littérature pendant le siècle de Louis XIV. 46

CHAPITRE XX.

Du dix-huitième Siècle jusqu'en 1789. 58

SECONDE PARTIE.

De l'état actuel des Lumières en France, et de leurs progrès futurs.

CHAPITRE PREMIER.

Idée générale de la seconde Partie. 79

CHAPITRE II.

Du goût, de l'urbanité des mœurs, et de leur influence littéraire et politique. 88

CHAPITRE III.

De l'Emulation. 118

CHAPITRE IV.

Des Femmes qui cultivent les Lettres. 141

CHAPITRE V.

Des Ouvrages d'imagination. 169

TABLE DES CHAPITRES. 307

CHAPITRE VI.

De la Philosophie. 199

CHAPITRE VII.

Du Style des Ecrivains et de celui des Magistrats. 233

CHAPITRE VIII.

De l'Eloquence. . . . . , ... 257

CHAPITRE IX et dernier.

Conclusion. 283

FIN DE LA TABLE.

www.ingramcontent.com/pod-product-compliance
Lightning Source LLC
Chambersburg PA
CBHW060407170426
43199CB00013B/2042